Fantasyland

17

1

18

Tomorrowland

3

2. MACARONS ROSAS DE FRAMBUESA CON FORMA DE MICKEY (Main Street, U.S.A.); ... LETAS DE CHOCOLATE Y VAINILLA (Main Street, U.S.A.); 4. INDIANA JONES Y LA ÚLTIMA BROCHETA DE TERNERA (Adventureland); 5. JULEPE DE LA SELVA 6. COLINES COLA DE TIGRE (Adventureland); 7. INDIANA JONES Y EL TEMPLO DEL 8. EN BUSCA DE LAS BROCHETAS DE PANCETA (Adventureland); 9. INDIANA (Adventureland); 10. BEIGNETS (New Orleans Square); 11. BUÑUELOS 12. SOPA DE ALMEJAS DE JACK SPARROW (New Orleans Square); 13. JULEPE DE 14. LIMONADA DE LA GALERA GOLD PORT (Critter Country); 15. FUNNEL Country); 16. TARTA DE LA COSA GRIS DE *LA BELLA Y LA BESTIA* (Fantasyland); MONTE CERVINO (Fantasyland); 18. MINIBROWNIES DEL FUTURO (Tomorrowland).

ain Street, U.S.A.

ASHLEY CRAFT

Cocina con
DISNEY

EL RECETARIO NO OFICIAL

De las delicias heladas de **FROZEN** a los batidos intergalácticos de **STAR WARS**
★ ★ ★ y otras recetas de los personajes más famosos del mundo ★ ★ ★

Título original: *The Unofficial Disney Parks Cookbook*

© 2020, Ashley Craft
© de la traducción, 2021 por Zulema Couso
© de esta edición, 2021 por Antonio Vallardi Editore S.u.r.l., Milán

Todos los derechos reservados

Primera edición: octubre de 2021

Duomo ediciones es un sello de Antonio Vallardi Editore S.u.r.l.
Av. de la Riera de Cassoles, 20. 3.º B. Barcelona, 08012 (España)
www.duomoediciones.com

Gruppo Editoriale Mauri Spagnol S.p.A.
www.maurispagnol.it

ISBN: 978-84-18538-77-3
Código IBIC: WBA
DL B 14.050-2021

Diseño y maquetación:
Grafime

Impresión:
Grafica Veneta S.p.A. di Trebaseleghe (PD)

Impreso en Italia

A Danny,
mi fiel probador de recetas

Índice

Prefacio 14

Introducción 16

PARTE 1
INTRODUCCIÓN A LA COCINA
DE LOS PARQUES DISNEY ... 18

CAPÍTULO 1
La deliciosa
experiencia Disney 21

CAPÍTULO 2
Utensilios básicos
para chefs Disney 33

PARTE 2
RECETAS MÁGICAS 46

CAPÍTULO 3
Disneyland 49

Churros 51

Macarons rosas
de frambuesa con
forma de Mickey 53

Cupcakes Mickey de galletas
de chococolate y vainilla
(*cookies and cream*) 56

Indiana Jones y la última
brocheta de ternera 58

Julepe de la selva 60

Colines cola de tigre 61

Indiana Jones y el templo
del hummus 63

En busca de las brochetas
de panceta 66

Indiana Jones y las
brochetas malditas 67

Beignets de Mardi Gras... 68

Buñuelos 70

La sopa cremosa
de almejas favorita
de Jack Sparrow 72

Julepe de menta 74

Limonada de la galera
Gold Port 76

Funnel cake de churros ... 77

Tarta de la cosa gris
de *La bella y la bestia* .. 79

Macaroons del monte
Cervino 82

Minibrownies
del futuro 84

CAPÍTULO 4
Magic Kingdom 87

Galletas Mickey
de azúcar 89

Manzanas envenenadas
de caramelo 91

Perritos calientes de
macarrones con queso
y beicon 93

Mini 101 perritos calientes
rebozados 95

La leyenda del sándwich
de gofre de pollo
de Sleepy Hollow 97

Funnel cake del jinete
sin cabeza 99

Sándwich de gofre
con fruta de
Sleepy Hollow 101

Cola del gato
de Cheshire 102

Brebaje de LeFou 104

La cosa gris de
La bella y la bestia 105

Rollos de canela
gigantes de Gastón 106

Flotadores
de Peter Pan 109

La sopa de tomate
favorita de Pinocho 110

Muslos de pavo
bestiales 112

Fantasía de cilindros
de patata rallada con
pollo y salsa búfalo 113

Rollitos de primavera
de hamburguesa con
queso 115

Rollitos de primavera
de pizza 117

Helado suave de piña de
Vaiana 119

Tiki tarta de piña
al revés 121

Palomitas dulces
de cine 123

CAPÍTULO 5
EPCOT
EPCOT 125

Dónuts de cruasán 127

Aristosándwiches de
macarons con helado.. 128

Croque Frozen 129

Napoleones 132

Crepes 135

Tartaletas de fresas 137

Pan dulce
de la escuela 140

Cuernos de trol 142

Palomitas de caramelo .. 144

Palitos de piña
con chocolate
y caramelo 146

Barritas de pecanas
y caramelo 148

Tarta de queso bávara ... 150

Kakigori de fresa 153

Kakigori de melón 154

Helados de mango 155

Helados de coco 156

Gelato de coco 157

Gelato de
stracciatella 159

Baklava 161

CAPÍTULO 6
Disney's Hollywood Studios 163

Manzanas de caramelo
de cine 165

Palomitas perfectas 166

Galletas de tarta
de zanahoria 167

Cupcakes de galletas del
Paseo de la Fama 169

Pretzels *Increíbles*
con relleno de queso
cremoso 172

Pretzels de Mickey
Mouse 175

Pastelillo para tostar
relleno de chocolate y
avellanas de Woody ... 177

Pastelillo para tostar relleno
de limón y arándanos
de Buzz Lightyear 179

Batido verde de los Jedi .. 181

Batido azul de los Jedi ... 182

Mezcla de palomitas
intergalácticas 183

Wraps del Lado Oscuro .. 185

Batido retro de mantequilla
de cacahuete
y mermelada 188

Plátano helado cubierto
de chocolate 189

CAPÍTULO 7
Disney's Animal Kingdom 191

Gofres de Mickey 193

Patatas Hakuna Matata .. 195

Agua de Pandora 197

Nubes de Pandora
al vapor rellenas
de hamburguesa
con queso 199

Mousse de queso
cremoso con arándanos
de los Na'vi 201

Rollitos lumpia de otro
mundo 204

Patatas fritas
condimentadas
de Mr. Kamal 206

Limonada granizada 208

Sándwiches de helado
de Mickey 210

Polos de Mickey 212

Patatas fritas con cerdo
desmigado y queso 214

Macarrones con queso
gratinados
con cerdo desmigado .. 216

Macarrones con queso
gratinados
con langosta 219

CAPÍTULO 8
Disney California
Adventure 221

Batido de mangonada 223

Tacos de carnitas 224

Batidos de frutas
del bosque 226

Churro de tofe 227

Churros especiados 229

Chili de fuego 231

S'mores 232

Batido de *cobbler*
de melocotón 234

101 perritos calientes
rebozados 235

Muslos de pollo
de Pixar 237

Mazorcas de maíz
con chile y lima 239

Galletas Ñam Ñam
de Jack-Jack 240

Parfaits de Yeti 242

Churros calientes
del señor Buzz 243

Pretzels bávaros 244

Churros veraniegos
McQueen 246

ÍNDICE
DE RECETAS 251

Agradecimientos

Primero, quiero darle las gracias a mi marido y mejor amigo Danny, por confiar en que sería capaz de publicar este libro y por apoyar mi adicción al mundo de Disney durante todos estos años. Gracias a Elliot, Hazel y Clifford (mis hijos) por aguantar todos los viajes a los parques Disney.

También quiero dar las gracias enormemente a mi suegra Tricia Craft, a mi querida amiga Emily Goodsell y a Danny por ser mis editores «extraoficiales» y ayudarme a dar forma al primer, segundo y tercer borrador de esta obra.

Gracias a mis padres Karen y Jeff Peterson por su amor infinito y por comprar los primeros ejemplares de este libro.

Y no puedo olvidarme de mi agente, Joe Perry, que es una persona increíblemente atenta y paciente. Por muchos más proyectos juntos.

Por último, dar las gracias a Julia y Adams Media por publicar mi primer libro y convertirme en autora. ◆

Prefacio

Tuve la suerte de crecer en Anaheim Hills, California, a solo quince minutos de Disneyland Resort. En mi familia era habitual escuchar cosas como «Vamos a Disneyland a subir a la Space Mountain» o «¿A alguien le apetece ir a por churros a Disneyland?». Al echar la vista atrás y recordar mi infancia, todavía no me creo ese privilegio que a menudo daba por sentado, como lo haría cualquier otro niño o niña para quien aquello fuera lo habitual. (Lo siento mucho por mis propios hijos, que han crecido lejos de los parques Disney).

Con todo, el amor por Disney que sentía no desapareció cuando me mudé lejos de California. Siempre había pensado que no había nada mejor que ir a Disney de pequeña, pero tras hacer dos prácticas en Disney mientras estudiaba en la universidad y trabajar en Disney's Animal Kingdom y Disney's Old Key West Resort, me di cuenta de que ir a Disney de adulta es aún mejor.

Pero la vida cada año se vuelve más ajetreada y, aunque me encantaría poder hacer un viaje a California o a Florida cada pocos meses, ahora mismo no es factible. Y tampoco lo es para la mayoría de las familias. Hace quince años decidí ponerle remedio a esa situación recreando esa magia en casa. Empecé a preparar distintos platos inspirados en los parques Disney y al poco tiempo mis amigos empezaron a pedirme que los preparara cuando nos juntábamos. Los posts sobre Disney en mi blog ganaron popularidad y mis hijos siempre me pedían que les preparara «la cosa gris de *La bella y la bestia*». Entonces me di cuenta de que los fans de Disney necesitaban este libro y de que yo era la persona ideal para escribirlo.

Así que no importa si acabas de adentrarte en el mundo Disney o si eres fan de toda la vida, ahora por fin podrás disfrutar de las delicias de los parques Disney siempre que te apetezcan. Sorprende a tus amigos la próxima vez que quedéis para ver una película con patatas fritas con cerdo desmigado y queso. Tus hijos se volverán locos con los pastelillos rellenos de chocolate y avellanas de Woody y las nubes de Pandora al vapor rellenas de hamburguesa con queso son perfectas para brillar en cualquier cena. No importa cuándo prepares estas recetas, te aguardan bocados deliciosos en cada página, ¡y tengo muchas ganas de que las pruebes en tu cocina! ◆

Introducción

Helado suave Dole Whip en Magic Kingdom, Pretzels de Mickey Mouse en Disney's Hollywood Studios, Limonada granizada en Disney's Animal Kingdom: Disney tiene muchísimo que ofrecer y una de sus mejores atracciones es la comida. No siempre es posible visitar los parques Disney cuando nos apetece, pero por suerte podemos disfrutar de su deliciosa comida en casa.

Cocina con Disney. El recetario no oficial te trae más de cien recetas fáciles de preparar con lo mejor de la cocina mágica de Disney. No importa si has visitado los parques mil veces y tienes antojo de tus platos favoritos o si quieres preparar algo inspirado en Disney para que te haga sentir que estás de vacaciones, hemos probado y requeteprobado todas las recetas para garantizar que sean dignas del chef Remy. Las recetas están ordenadas según el parque Disney al que pertenecen, desde Disneyland, el primer parque que abrió sus puertas, hasta Disney California Adventure, el más reciente. Encontrarás bocados para cualquier ocasión, como por ejemplo:

* Delicias clásicas de Disneyland, como los beignets o el julepe de la selva.

* Los mejores bocados de Disney's Hollywood Studios para disfrutar durante una maratón Disney, como las palomitas perfectas o las manzanas envenenadas de caramelo.

* Platos internacionales en EPCOT, como el baklava marroquí bañado en miel o los napoleones franceses.

* Clásicos de Disney California Adventure que te harán sentir como si estuvieras en una isla tropical, como la mangonada o las mazorcas de maíz con chile y lima.

* Los favoritos de cuento de Magic Kingdom, como los Flotadores de Peter Pan o los rollos de canela gigantes de Gastón.

En este libro encontrarás algunas de tus recetas favoritas y descubrirás cosas nuevas. Cada bocado te transportará al país de Nunca Jamás, donde podrás rememorar tu infancia, o incluso a una galaxia muy muy lejana.

Lo que es seguro es que la magia de Disney impregnará tu cocina. Pero antes de ponerte el delantal y las orejas de ratón, echa un vistazo a la Parte 1, donde encontrarás más información sobre cada parque Disney y la comida que se sirve allí, además de los utensilios que necesitarás para preparar las recetas del libro. Así lo tendrás todo listo para meterte en harina. ◈

PARTE 1

INTRODUCCIÓN A LA COCINA DE LOS PARQUES DISNEY

isney es un titán de la industria de la alimentación. A lo largo de los años, lo que empezó como un parque temático en California creció hasta convertirse en un imperio con doce parques en tres continentes que requiere de un ejército de personajes y montañas de comida y suministros industriales para crear platos que satisfagan a los millones de visitantes que reciben. Por suerte para ti, en *Cocina con Disney. El recetario no oficial* hemos reproducido más de cien de estas recetas adaptadas para que puedas prepararlas en casa.

En esta parte del libro, podrás explorar con más detalle los platos de comida y las bebidas de los seis parques Disney principales de Estados Unidos, desde los clásicos introducidos por el propio Walt Disney en Disneyland a los favoritos actuales creados para las nuevas atracciones de Disney California Adventure. El capítulo 1 prepara el terreno para las recetas que se incluyen en la Parte 2 y te presenta los distintos temas y platos, bocados y bebidas específicos que encontrarás en cada capítulo. Además, antes de atarte el delantal, deberías echar un vistazo a los utensilios básicos que necesitarás en el capítulo 2. Ahí encontrarás todo lo que te hace falta para crear deliciosos platos Disney en tu cocina. ¡Que empiece la magia! ◆

CAPÍTULO 1

La deliciosa experiencia Disney

Los parques Disneyland y Walt Disney World ofrecen muchísimas cosas a quienes los visitan, y la comida es una parte muy importante de la experiencia. No solo necesitas energía para disfrutar de las atracciones de los parques, también querrás darte un capricho y disfrutar de recetas deliciosas que solo están disponibles allí. En este capítulo, te presentamos las opciones de comida rápida que podrás encontrar en cada parque Disney de Estados Unidos, desde clásicos como los churros y los pretzels de Mickey Mouse a nuevos favoritos como los flotadores de Peter Pan o el agua de Pandora granizada. El objetivo de este capítulo, y de las recetas de la Parte 2, es multiplicar el disfrute Disney tanto en los parques como en casa. Vamos allá, ¡nos espera un montón de magia por descubrir!

Disneyland

El 17 de julio de 1955, un montón de gente procedente de todas partes vino para ver si el experimento de Walt Disney, el magnate de la industria cinematográfica, tendría éxito o si, por el contrario, sería un fracaso. Los equipos de construcción habían trabajado sin descanso para tenerlo todo listo para la mañana de la inauguración, pero iban tan a contrarreloj que Walt Disney tuvo que decidir si los fontaneros debían terminar los baños o las fuentes, ya que solo tenían tiempo para una de las dos cosas antes de abrir las puertas del parque. Optó por los baños, demostrando así que a Walt Disney le interesaba tanto la venta de comida como las atracciones porque, si las fuentes no funcionaban, los visitantes tendrían que recurrir a la oferta de bebidas del parque

El *Long Beach Independent Telegram* publicó un anuncio en julio de 1955 que destacaba las opciones de comida que ofrecía el nuevo Parque Disneyland:

> ¡Disneyland es el paraíso de la comida! Al igual que Adventureland y Fantasyland, el nuevo «Reino del buen comer» de Disneyland es otra gran atracción. Disneyland está lleno de deliciosos restaurantes y exclusivos puestos de refrescos y tentempiés, además de magníficos sitios para almorzar. Comer al estilo Disneyland es una experiencia inolvidable. ¡Y la comida es tan fabulosa como la diversión!

Hoy en día, la cultura gastronómica de Disneyland ha adquirido una dimensión todavía mayor que se ha adaptado con el tiempo. Algunas creaciones como el famoso helado Dole Whip se han convertido en clásicos de culto para los que se forman colas extremadamente largas y que han originado un seguimiento masivo en redes sociales. En los parques incluso han surgido «clubes sociales»: grupos exclusivos con nombres derivados de conceptos Disney como «Neverlanders» (del país de Nunca Jamás) y «Main Street Elite». La identidad de muchos de estos grupos se basa en la comida que se ofrece en Disneyland. Aunque el aspecto de los platos puede haber cambiado enormemente, Disneyland es y siempre será un lugar donde las familias van a divertirse y a disfrutar de sus platos favoritos.

Magic Kingdom

Aunque Disneyland y Magic Kingdom son parques «gemelos», algunos elementos permiten distinguirlos claramente. La mayor ventaja de Magic Kingdom sobre Disneyland en términos gastronómicos es su capacidad de producir un increíble volumen de comida para las grandes multitudes que recibe todos los días. Cosmic Ray's Starlight Cafe, un restaurante de servicio rápido situado en Tomorrowland de Magic Kingdom, es el restaurante más concurrido no solo de los parques Disney, sino de los Estados Unidos, y el tercero más concurrido de todo el mundo, no solo de los parques. Walt Disney World recibe alrededor de cincuenta y dos millones de visitantes al año, ¡y hay que dar de comer a todo el mundo!

Al igual que Disneyland contrató a otras empresas para que se encargaran de la comida, Magic Kingdom continuó esta tradición. Aunque los alimentos a menudo ya no indican qué empresas los fabrican, la mayoría de los tentempiés y otros bocados para llevar que se venden en los parques Disney son producidos en fábricas y a menudo por empresas externas. Esto garantiza que la oferta esté a la altura de la enorme demanda y así, además, se puede ofrecer a los visitantes un producto de la más alta calidad y de manera constante.

Para poder alimentar a las grandes multitudes que acuden a Magic Kingdom, The Walt Disney Company también construyó un sistema de túneles subterráneos. Son los llamados *utilidors* y se encuentran en la «primera planta» en Florida (debido al alto nivel freático) mientras que las calles del parque están situadas en la «segunda planta». Estos eficientes túneles permiten transportar alimentos frescos y bebidas directamente a los restaurantes y también sacar los desperdicios fuera del parque.

Otro eficiente invento de Magic Kingdom es el Disney College Program, un programa de prácticas que se inició en 1972 (un año después de la inauguración de Magic Kingdom) y que proporciona la mano de obra necesaria para atender a los millones de visitantes. Estudiantes universitarios de todo el país y de todo el mundo llegan en masa para formar parte de la magia y componen el equipo principal de todos los establecimientos que sirven comida en Magic Kingdom, incluidos los puestos de comida y los restaurantes con servicio de mesa. Si ves el nombre de una universidad como la «ciudad natal» en la placa identificativa de un empleado, significa que participa en el Disney College Program.

Magic Kingdom es una máquina bien engrasada que rara vez se topa con contratiempos. Esta planificación tan al detalle garantiza que los visitantes tengan la barriga llena y feliz.

EPCOT

El verdadero salto al vacío de Disney llegó en 1982 con la apertura de EPCOT en Walt Disney World. En lugar de una estructura radial, este parque estaba dividido en dos secciones: Future World y World Showcase. Disney se dio cuenta en seguida de que el World Showcase de EPCOT se iba a convertir en una meca culinaria. ¿En qué otro lugar del mundo puedes degustar platos auténticos de once tradiciones culinarias diferentes en un día? La mayoría de los países cuentan al menos con un restaurante principal de servicio de mesa en el que se sirven los mejores platos junto con varias opciones de servicio de barra y para picar y darse un capricho.

Una de las maneras más populares de disfrutar de lo que ofrece EPCOT es «beber por todo el mundo» y degustar una copa en cada uno de los once países. Otra tendencia en alza es «comer por todo el mundo» y degustar al menos un plato de picoteo de cada país. De este modo, quienes visitan el parque pueden conocer el país no solo a través de sus ojos sino también gracias a sus sabores.

EPCOT organiza varios festivales cada año, incluido el festival internacional gastronómico y del vino de EPCOT. Durante el festival, los visitantes pueden recorrer el parque y degustar pequeños bocados y distintas variedades de vino en puestos de comida que representan a los países del World Showcase, así como a algunos países que no cuentan con representación permanente en EPCOT. Disney ha estado trabajando para que sea todavía más fácil comprar comida y bebida en este festival y para ello ha creado el pasaporte gastronómico y del vino, con el cual los visitantes pueden adquirir una especie de tarjeta prepago con varios platos incluidos. En ocasiones, algunos de los platos favoritos del festival gastronómico se convierten en platos permanentes de los diferentes menús del Walt Disney World. Además, chefs de renombre se ponen el delantal y deleitan al público con demostraciones de cocina en el American Gardens Theatre y conocidas empresas de comida presentan allí sus productos.

Incluso los otros festivales de EPCOT como el Festival internacional de las Flores y el Jardín y el Festival Internacional de Arte se centran en la comida. Delicias interactivas como galletas para pintar hacen las delicias de pequeños y mayores. Puede que la gente venga animada por el arte o las flores, pero sin duda no dejan pasar la oportunidad de disfrutar de platos únicos.

EPCOT también está comprometido con la sostenibilidad en la producción alimenticia. Quienes visitan Disney pueden verlo de primera mano en la atracción Living with the Land, que los lleva en un barco que recorre invernaderos creativos que producen la comida que se usa en las cocinas del Walt Disney World. En estos invernaderos se usa tecnología puntera como cultivos hidropónicos y en la arena. El *tour* Behind the Seeds informa a los visitantes en profundidad sobre el compromiso Disney para reducir los desperdicios alimentarios y utilizar métodos de explotación agrícola más productivos.

Disney's Hollywood Studios

Disney's Hollywood Studios es el parque más ecléctico de todos, donde el tema común son las «historias inspiradas por películas». ¡Así que básicamente puede ser cualquier cosa! Por eso, la cultura gastronómica también es muy variada, desde opciones de alta cocina como The Hollywood Brown Derby pasando por platos más sencillos en Woody's Lunch Box. Pero el tema es lo de menos, Disney's Hollywood Studios está comprometido con el mejor sabor desde 1989.

Los visitantes se sumergen en el brillo y el glamur que inspira la edad dorada de Hollywood desde que ponen el pie en el parque. Pasean por el Hollywood Boulevard hasta el The Trolley Car Café para disfrutar de una buena taza de té o café con un cupcake gigante de galletas Butterfinger de mantequilla de cacahuete y chocolate (ver receta en el capítulo 6).

Aunque por supuesto también hay opciones para picar o darse un capricho en Disney's Hollywood Studios, históricamente el parque se ha centrado más en opciones con servicio de mesa. Los diseñadores crearon el parque para que los visitantes pudieran tomarse un descanso y disfrutar de la comida durante un par de horas en uno de sus seis restaurantes.

El paisaje de Disney's Hollywood Studios cambió drásticamente entre 2018 y 2019, cuando se abrieron dos zonas nuevas: Toy Story Land y Star Wars: Galaxy's Edge. Estas nuevas áreas redefinieron la identidad gastronómica del parque y ofrecieron más opciones para picar o comer algo rápido.

Toy Story Land abrió en 2018 con tres importantes atracciones y una opción de servicio en barra. Woody's Lunch Box ganó popularidad rápidamente y se convirtió en uno de los lugares de comida más queridos. Este puesto siempre tiene largas colas esperando para disfrutar de platos clásicos estadounidenses de comida rápida y reconfortante como las galletas Pop-tart, bocadillos de queso a la plancha o carnes a la barbacoa.

Star Wars: Galaxy's Edge abrió en el otoño de 2019. Oga's Cantina dio lugar a una nueva categoría de comida que no se había visto hasta entonces en Disney: ¡un bar apto para familias! En Oga's son bienvenidos tanto los mayores como los más pequeños y los personajes sirven bebidas con alcohol (a los mayores de 21 años, claro) y sin alcohol.

Y si a alguien no le apetece tener que esperar por un sitio, el puesto Milk Stand sirve los deliciosos batidos verde y azul para calmar la sed. Docking Bay 7 Food and Cargo, Ronto Roasters y Kat Saka's Kettle son otros de los puestos de comida rápida. Todos sirven comida extraterrestre creativa, perfecta para comer algo rápido de camino entre una atracción y otra.

Curiosamente, tanto Toy Story Land como Star Wars: Galaxy's Edge abrieron sin restaurantes con servicio de mesa, un cambio radical respecto al estilo anterior del parque. Ahora, en lugar de animar a los visitantes a que descansen y se tomen su tiempo para disfrutar de la comida, el objetivo parece ser invitarles a seguir recorriendo el parque y las atracciones. La combinación perfecta entre comida deliciosa y un servicio práctico es todo un éxito.

Disney's Animal Kingdom

Disney's Animal Kingdom destaca entre los otros parques por dos motivos: los animales vivos y la historia inmersiva. Siempre ha sido ante todo una auténtica experiencia cultural. El *Imagineer* («ingeniero creativo») Joe Rohde concibió todo el parque y llevó a cabo extensas investigaciones en África y Asia para diseñar tierras que transportaran de verdad a los visitantes directamente al corazón de estos continentes.

La comida también es una experiencia inmersiva. Por ejemplo, al salir de Expedition Everest-Legend of the Forbidden Mountain hay un camión de helados, pero el camión tiene una rueda pinchada en la parte delantera con un eje roto. Cuenta la leyenda que el dueño del camión solía conducir por todo «Serka Zong» vendiendo helados, pero un día el camión se averió. El propietario tenía pensado arreglar el camión, pero los clientes empezaron a hacer cola, así que pensó: «¡Qué diablos! Mejor me establezco aquí de forma permanente». Y si le preguntas a cualquiera de los veintinueve personajes que trabajan en los puestos de comida, restaurantes o atracciones por la historia de su lugar de trabajo, te contarán un relato que, aunque sea ficticio, suena muy real.

Pandora-The World of Avatar (situado a la izquierda de la entrada de Animal Kingdom y abierto al público en 2017) presentó un desafío único a los *Imagineers*: ¿cómo podían crear comida deliciosa que pareciera alienígena de verdad? Para producir este efecto, jugaron con las texturas y los colores. La popular bebida agua de Pandora tiene esferificaciones que producen una sensación divertida y extraña en la boca y la mousse de queso cremoso con arándanos tiene una curiosa forma de cúpula que no es habitual en las tartas de queso (ver ambas recetas en el capítulo 7). En Animal Kingdom encontrarás deliciosos bocados e increíbles historias en cada rincón.

Disney California Adventure

Décadas después de que se inaugurara Disneyland, Disney por fin abrió una «segunda puerta» en California en 2001. En lugar de centrarse en la cultura estadounidense en general, Disney

California Adventure rinde homenaje a la cultura del «Estado dorado».

De un extremo al otro del parque se sienten y se saborean las raíces mexicanas de California, desde los nachos Backlot de Studio Catering Co. hasta los tacos de carnitas de Paradise Garden Grill pasando por cocina cucamonga Mexican Grill en Pacific Wharf. El festival gastronómico y del vino anual de California Adventure también ofrece predominantemente platos mexicanos. Disney quería mostrar la conexión mexicana con el Estado, así como atender al gran porcentaje de visitantes hispanos.

En el parque también se celebra la cultura asiática. Lucky Fortune Cookery sirve deliciosos platos panasiáticos de lugares como Pekín, Seúl, Bangkok y Tokio. Disney California Adventure también celebra un festival del Año Nuevo Lunar cada año con puestos especiales de comida y *merchandising* disponibles solo durante el festival.

El vino es una parte muy importante de la zona norte de California y este parque es muestra de ello. Desde Sonoma Terrace pasando por Alfresco Tasting Terrace, los adultos que visitan el parque pueden disfrutar de los vinos californianos. Boudin Bakery, el productor de pan de masa madre más popular del país, participa con un *tour* de la fábrica y con productos de masa madre en el menú del Pacific Wharf Café.

Cuando el parque inició su proceso de cambio en 2007 y pasó de estar ambientado en California a las lucrativas licencias Disney como Pixar o Marvel, también se inició la recreación de las recetas favoritas que se veían en la pantalla. Fue todo un éxito. ¿Quién puede resistirse a probar las galletas Ñam Ñam de Jack-Jack que aparecen en *Los Increíbles 2* (ver receta en el capítulo 8)? ¿O a comer algodón de azúcar como Bing Bong en *Del revés*? Flo's V8 Café en Cars Land es una réplica exacta del de la franquicia cinematográfica, es como sumergirte en la película.

La mezcla de gastronomías auténticas y de opciones creativas de película ha convertido a Disney California Adventure en un parque digno de los amantes de la buena comida.

Tu cocina Disney

No importa si visitas los parques Disney cada año, si solo has estado en ellos una o dos veces, o si todavía estás planeando ese primer viaje mágico, este libro nació para ayudarte a transformar tu propia cocina en un mundo del que Walt Disney estaría orgulloso. No tardarás en preparar aperitivos, comidas y postres increíbles con un resultado profesional. Pero no te olvides de echar un vistazo primero al siguiente capítulo, en el que te presento los utensilios básicos que necesitas en la cocina antes de ponerte el gorro de chef. ◆

CAPÍTULO 2

Utensilios básicos para chefs Disney

Un chef no es nadie sin sus herramientas, así que, antes de meterte de lleno en las recetas de la siguiente parte, comprueba que tienes los utensilios básicos para crear las recetas. En este capítulo te cuento todo lo que necesitas para preparar los platos deliciosos de la Parte 2. Los utensilios se describen en detalle para que puedas volver a consultarlos fácilmente cuando lo necesites. Estás a punto de convertir tu cocina en un lugar mágico sacado del mismísimo mundo Disney.

Fuentes de horno

Hay fuentes de horno
con distintas formas y
tamaños pero las mejores
para las recetas de este
libro son las que tienen
los lados de algo más de
1 cm de altura.

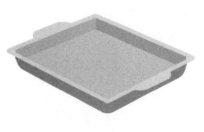

Batidora

Una batidora potente y de
buena calidad te ayudará a
obtener una consistencia
más suave para salsas y
batidos. Empieza con una
potencia más baja y ve
subiendo a medida que
los trozos más grandes se
partan.

Moldes de repostería

Con un molde estándar de 22-23 cm podrás
preparar sabrosas y esponjosas recetas como la
tarta de queso. Normalmente se suelen forrar
con papel para hornear para evitar que se
peguen.

Cortador de galletas

Cualquier chef Disney que se precie debería tener un cortador de galletas con forma de Mickey pero, si todavía no tienes uno, no te preocupes, puedes crear el tuyo propio de dos formas. Dibuja la silueta de Mickey (un círculo más grande con dos más pequeños en el lugar de las orejas) en un trozo de papel y después bordea la forma con el cuchillo sobre la masa. También puedes usar un vaso más grande y dos más pequeños y presionar la forma de Mickey sobre la masa antes de cortarla.

Cuchara para galletas

Las cucharas para galletas son muy útiles para formar medias bolas de masa uniformes. Son como las cucharas de helados con la parte superior con forma de medio círculo y un mango con muelle. Las bolas más pequeñas equivalen más o menos a 1 cucharada, las medianas a unas 2 cucharadas y las grandes a unas 4 cucharadas.

Rejilla enfriadora

Una rejilla normal te será suficiente para las recetas de este libro. Suelen estar hechas de acero inoxidable y siguen un patrón de líneas rectas o cruzadas.

Olla a presión eléctrica

Hay muchas marcas disponibles y te servirá cualquiera que funcione bien. Asegúrate de que la olla interna sea del tamaño adecuado y ten cuidado al utilizarla para evitar quemaduras por el vapor cuando suelte la presión. Las ollas a presión eléctricas pueden ahorrarte mucho tiempo en la cocina y ayudarte a conseguir una receta deliciosa.

Colorante alimentario

Muchas de las recetas del libro usan colorante alimentario para imitar el aspecto de las recetas Disney. Es preferible usar colorante en gel, ya que el color es más llamativo que en la versión líquida y la consistencia no cambiará la textura del plato. Si el colorante en gel viene en botes y no puedes añadirlo por gotas, usa un palillo de madera, mójalo en el gel y pásalo por la comida que quieres colorear. Repite la operación con cada gota que necesites.

Procesador de alimentos

Los procesadores de alimentos son básicamente batidoras de alta potencia que se usan sobre todo para cortar alimentos secos. Si no tienes un procesador de alimentos, también puedes utilizar una batidora. Si no tienes ninguno de los dos útiles, puedes cortar los alimentos en trozos muy pequeñitos con un cuchillo, simplemente tardarás más tiempo y los trozos serán menos uniformes.

Sartén o plancha grill

Puedes utilizar una plancha grill o una barbacoa para los alimentos que deben cocinarse a la parrilla. Si usas una barbacoa de gas, precaliéntala para garantizar que el alimento se cocine de manera uniforme. No te olvides de engrasar la sartén o plancha grill antes de cocinar para que no se te pegue nada. Si usas una barbacoa, la única diferencia es que tardarás más en preparar y limpiar. Consulta las instrucciones de tu barbacoa para cocinar de forma segura.

Heladera

Las heladeras más fáciles son las que tienen un «bol» que se puede congelar. El bol se retira del congelador momentos antes de su uso y el helado o la mezcla de bebidas se vierte directamente en el recipiente congelado. El bol gira sobre una base y una paleta mezcla y raspa el interior. Hay otras opciones disponibles si no puedes usar este tipo de heladeras. Por ejemplo, puedes utilizar una máquina tipo cubo de helado que necesita cubitos de hielo y sal gorda. Solo tienes que verter la mezcla de la receta en el recipiente de metal interior y llenar el cubo exterior con el hielo y la sal gorda. El tiempo de preparación dependerá de lo que tarde en alcanzar la consistencia que indica la receta. Vale cualquier heladera, la única diferencia es que unas requieren más esfuerzo que otras.

Batidora de mano

Las batidoras de mano son muy prácticas porque puedes dejar la sopa o salsa en la olla y hacerla puré sin tener que pasarla por una batidora americana o por el procesador de alimentos. Sin embargo, si no tienes una, estas otras opciones también funcionan.

Molde para magdalenas

Varias recetas del libro requieren moldes de magdalenas o *cupcakes*. Las bandejas estándar suelen tener doce huecos, las de minimagdalenas tienen veinticuatro y las de *muffins* suelen tener seis huecos más grandes.

Bolsas de papel para comida

Las recetas de palomitas de sabores requieren bolsas de papel para comida para mezclar los *toppings*. Con este método conseguirás una distribución uniforme del sabor y la cobertura. Si no dispones de bolsas de papel para comida grandes, puedes mezclar las palomitas con los ingredientes en un bol.

Papel para hornear

Casi todas las recetas de este libro que requieren horneado te pedirán que forres la bandeja o el molde con papel para hornear. Es un paso sencillo que garantiza una superficie de horneado más uniforme y un dorado más consistente y que reduce en gran medida las probabilidades de que se pegue. Puedes encontrar papel para hornear en cualquier tienda de alimentación.

Mangas pasteleras

Muchas recetas en este libro necesitan una manga pastelera pero no es necesario que sea muy sofisticada. Una bolsa de plástico gruesa para congelar o para bocadillos también te puede servir. Solo tienes que llenar la bolsa con la masa u otra mezcla y cortar un poco una de las esquinas inferiores. Empieza con un agujero pequeño y ve haciéndolo más grande según sea necesario.

BOQUILLAS DE LA MANGA PASTELERA

Para algunas recetas necesitarás boquillas especiales para la manga pastelera, como la boquilla grande de estrella para los churros (ver receta en el capítulo 3). Aunque no es necesario utilizar las boquillas en ninguna receta del libro, el acabado será más llamativo. Los churros quedan especialmente bien con una boquilla con forma de estrella porque los surcos profundos favorecen la textura crujiente tan característica de este plato y ayudan a que la canela y el azúcar se peguen.

Moldes de polos

Los moldes de plástico para polos son baratos y se pueden encontrar en la mayoría de las tiendas de comestibles o en grandes superficies. Pero si no tienes, puedes usar vasos pequeños de plástico o de papel. Solo tienes que verter la mezcla de helado y cubrir el vaso con papel de aluminio. Mete un palito de helado a través del aluminio en el centro del vaso. El aluminio estabilizará el palo y lo mantendrá en el centro.

Palitos de helado

Puedes comprar los palitos de helado por internet o en la mayoría de los supermercados. Los moldes de helado llevan ranuras para insertar el palito.

Ollas y sartenes

Para la mayoría de las recetas es mejor usar cacerolas de fondo grueso, ya que regulan mejor la temperatura y evitan que se queme la comida. Si no tienes cacerolas de fondo grueso, también te servirá cualquier olla del tamaño apropiado, simplemente tendrás que prestar más atención mientras cocinas y remover más a menudo para que no se queme nada.

Ramequines

«Ramequín» no es más que una palabra refinada para referirnos a los vasitos o cuencos de cerámica que se usan para hornear. Se necesitan estos cuenquitos para las galletas Ñam Ñam de Jack-Jack (ver receta en el capítulo 8) y para los macarrones con queso gratinados con langosta (ver receta en el capítulo 7). Si no tienes ramequines, mira en la parte inferior de los recipientes de vidrio o de los boles de cereales que tengas por casa para ver si se pueden utilizar en el horno.

Rodillo de cocina

Los rodillos tienen varios tamaños y diversas formas con mangos diferentes o incluso simplemente un cilindro completo. Puedes usar cualquiera para estas recetas.

Máquina para triturar hielo

Para preparar las recetas de kakigori de este libro (ver recetas del capítulo 5) necesitarás una máquina para picar hielo. Pueden ser aparatos de miles de euros que raspan el hielo con una cuchilla muy fina hasta modelos más baratos que se encuentran en la mayoría de los supermercados o grandes superficies. Cualquier opción es válida. Es difícil raspar el hielo sin una máquina especializada. Sin embargo, algunas licuadoras de alta gama tienen la capacidad de triturarlo lo suficientemente fino para estas recetas.

Colador/tamiz

Los coladores y los tamices que se describen en las recetas se refieren a un colador de malla estándar de acero inoxidable. Hazte con uno de malla media-fina.

Molde desmontable

Un molde desmontable estándar de 22-23 cm tiene un fondo circular extraíble y los laterales que se sujetan con un clip. Este tipo de molde es básico para hacer tartas como la tarta de queso, ya que se quita con facilidad una vez ha cuajado.

Batidora amasadora

Casi todas las recetas de este libro que requieren algún tipo de amasado usan esta batidora. La puedes usar para mezclar, batir o amasar de manera fácil y uniforme. Si no tienes una batidora amasadora, la mejor opción es una batidora de mano. Suelen tener accesorios intercambiables para mezclar o batir. Si no tienes ninguna de las dos, puedes mezclar, batir y amasar a mano, claro, solo necesitarás un poco más de fuerza y resistencia.

Cesta de vapor

Tendrás que utilizar una vaporera para preparar las nubes de Pandora al vapor rellenos de hamburguesa con queso (ver receta en el capítulo 7). Es una cesta de metal o de bambú con agujeros en la parte de abajo que se coloca encima de un recipiente con agua hirviendo para cocinar los alimentos al vapor. También puedes utilizar una olla arrocera o un robot de cocina con cesta de vapor.

Termómetros

Un termómetro de cocina es esencial para preparar dulces o freír. Trabajar con las mezclas a la temperatura correcta afecta al resultado final en cuanto a textura y sabor. Un termómetro para carne es crucial para garantizar que la carne esté hecha a una temperatura segura. Puedes comprar un termómetro para cocinar en la mayoría de la tiendas de comestibles y grandes superficies.

Brochetas de madera

Para las recetas de pinchos, son recomendables las brochetas de madera de 20 cm. No te olvides de remojarlas antes de usarlas para que no se quemen al cocinar. Si no tienes la medida recomendada, también puedes usar brochetas más largas, más cortas o de metal.

Antes de empezar

Ahora que ya conoces los utensilios principales que deberás tener a mano, estás listo para empezar a cocinar. Recuerda que, aunque las recetas están basadas en las originales de los parques Disney, los platos que cocines serán únicos. Experimenta con los sabores y las presentaciones que más te gusten y pásatelo bien. Si tienes alguna duda, consulta la sección de utensilios básicos. ¡Ha llegado el momento de preparar recetas deliciosas con un toque mágico! ◆

PARTE 2

RECETAS MÁGICAS

e doy la bienvenida oficialmente a la cocina de los parques Disney, ¡vamos a meternos en harina! La Parte 2 está dedicada a las recetas. En los siguientes capítulos encontrarás cien deliciosos entrantes, platos, postres y bebidas inspirados en los favoritos clásicos y modernos de los seis parques Disney de Estados Unidos.

Los capítulos de esta parte están ordenados según la fecha de inauguración de cada parque, empezando por la atracción pionera de Walt Disney, Disneyland, y finalizando con Disney California Adventure de 2001. En tu visita a Magic Kingdom, no te pierdas los cupcakes Mickey de galletas de chocolate y vainilla (*cream and cookies*) de Main Street o haz un desvío para chuparte los dedos con el bocadillo de gofre de pollo dulce y picante en Liberty Square. Tal vez te mueras de ganas de disfrutar de la aventura de Star Wars en Disney's Hollywood Studios y refrescarte con un batido azul de los Jedi entre batallas. O, si lo que prefieres es sumergirte en tu película Pixar favorita, no te olvides de probar el Pixar Pier Parfait. Tu cocina está a punto de transportarse por arte de magia a Disney, ¡y sin moverte de casa! ◈

CAPÍTULO 3

Disneyland

Nada puede compararse al primer viaje a Disneyland. No importa a qué edad lo hiciste o si todavía no lo has hecho, es un día mágico que se quedará grabado en tu memoria con polvo de hadas. Tras escanear la entrada en la puerta, te adentrarás en Main Street, U.S.A., que te llevará hasta el icónico Castillo de la Bella Durmiente. Desde allí podrás explorar las diferentes «tierras»: Adventureland, Frontierland, Critter Country, New Orleans Square, Star Wars: Galaxy's Edge, Mickey's Toontown, Fantasyland y Tomorrowland. Las opciones gastronómicas de Disneyland suelen basarse en el tema de cada tierra, desde platos inspirados en el *bayou* en New Orleans Square a las dulces creaciones de Maurice's Treats en Fantasyland. Sin embargo, aunque la comida de cada tierra es única, la cultura gastronómica de Disneyland tiene un elemento vertebrador: se trata de un recorrido por los Estados Unidos de mediados del siglo XX. Walt Disney quería que las familias pudieran disfrutar de aperitivos que estuvieran siempre al alcance de su mano en Disneyland. En este capítulo, descubrirás las recetas de los bocados favoritos en cada una de las tierras únicas de Disneyland. ◆

Churros

Main Street, U.S.A., Disneyland

Según www.popsugar.com, Disneyland vende 2,8 millones de churros cada año. ¡Menudo montón de masa! Los churros son uno de los alimentos más constantes y versátiles de los que se venden en los parques Disney. Los carros de comida cerca del Castillo de la Bella Durmiente venden la versión clásica. No te olvides de mojarlos en chocolate para disfrutar el doble.

Para 6 churros

250 ml de agua a temperatura ambiente

3 cucharadas más 100 g de azúcar, separados

½ cucharadita de sal

3 cucharadas más 1 litro (aprox.) de aceite, separados

128 g de harina

1 cucharadita de canela molida

1. Cubrir una fuente de horno sin engrasar con papel para hornear y reservar.

2. En una olla grande a fuego medio-alto, añadir agua, 3 cucharadas de azúcar, sal y 3 cucharadas de aceite. Remover hasta que la mezcla empiece a hervir, unos 4 minutos, y apartar del fuego.

3. Añadir la harina y remover hasta mezclar bien.

4. Llenar con la masa una manga pastelera grande con boquilla con forma de estrella. Dejar que la masa se enfríe hasta poder sujetar la manga sin que queme, unos 10 minutos.

5. Con la manga, formar tiras de masa de unos 15 cm sobre la fuente de horno

(continúa) ➤

preparada previamente. Colocar la bandeja en el congelador durante una hora.

6. En una olla grande de fondo grueso, añadir el litro de aceite restante a fuego medio-alto. Debería tener una profundidad de unos 7-8 cm. Calentar el aceite a 190 °C. Colocar papel de cocina sobre una bandeja o un plato grande y reservar.

7. En un bol mediano poco profundo, combinar el azúcar restante y la canela. Reservar.

8. Con cuidado, poner un churro en el aceite caliente. Dar la vuelta mientras se fríe hasta que tenga un color dorado, unos dos minutos.

9. Sacar el churro del aceite con unas pinzas y pasarlo por el bol con el azúcar y la canela. Girarlo para que se empape bien de la mezcla, colocarlo en el plato con papel de cocina y dejarlo enfriar. Repetir la operación con el resto de los churros. ◆

Macarons rosas de frambuesa con forma de Mickey

Main Street, U.S.A., Disneyland

El Jolly Holiday Bakery Café forma parte de Main Street, U.S.A. de Disneyland desde 2012. Anteriormente, su lugar lo ocupaba la Blue Ribbon Bakery y antes de 1990 estaba la Sunkist Citrus House. Ha habido muchos cambios en Main Street, U.S.A. con los años pero nunca ha perdido el clásico ambiente nostálgico que se refleja perfectamente en los macarons rosas de frambuesa con forma de Mickey del café. Estos deliciosos y llamativos macarons fueron introducidos en 2014 y han sido uno de los bocados imprescindibles del Jolly Holiday Bakery Café desde entonces. Para darles un toque extra, están decorados con una tira de pintura dorada comestible.

Para 6 macarons grandes

PARA LA MOUSSE DE FRAMBUESA

7 g de gelatina sin sabor

115 ml de agua fría, dividida en dos

340 g de frambuesas

134 g de azúcar

375 ml de nata

1. En un bol mediano, verter la mitad del agua y añadir la gelatina. Reservar.

2. En una cacerola mediana a fuego medio, añadir las frambuesas, el azúcar y el agua restante.

3. Calentar hasta que empiece a burbujear, unos 5 minutos, y después machacar la mezcla con una cuchara.

4. Verter la mezcla en una batidora, poner la tapa y triturar hasta obtener un puré. Pasar el puré por un colador de malla fina de vuelta a la cacerola y ponerla a fuego medio.

(continúa) ➤

5. Añadir la mezcla de gelatina y calentarla hasta que llegue a ebullición, unos 4 minutos. Hervir durante 1 minuto sin dejar de remover.

6. Apartar la olla del fuego y dejar que vuelva a temperatura ambiente, unos 15 minutos.

7. En el bol de una batidora amasadora, usar la varilla batidora para montar la nata a punto de nieve a una velocidad alta hasta que se formen unos picos, unos 4 minutos. Añadir la mezcla de frambuesa fría e incorporarla con una espátula con movimientos envolventes.

8. Pasar la mezcla a un recipiente de tamaño mediano, cubrir y guardar en la nevera hasta que esté lista para añadirla a los macarons, al menos 1 hora. ◆

PARA LA CONCHA DE LOS MACARONS

3 claras de huevos grandes, a temperatura ambiente

¼ de cucharadita de cremor tártaro

50 g de azúcar

112 g de harina de almendra

165 g de azúcar glas

10 gotas de colorante alimentario rojo en gel

10 gotas de colorante alimentario azul en gel

12 frambuesas medianas

1. Cubrir una fuente de horno grande sin engrasar con papel para hornear y reservar.

2. En el bol limpio de una batidora amasadora, añadir las claras de huevo. Con la varilla batidora, batir las claras a alta velocidad durante 1 minuto y después añadir el cremor tártaro. Batir durante otro minuto, añadir el azúcar y seguir batiendo hasta montar a punto de nieve, unos 4 minutos. Reservar.

3. En un bol mediano, tamizar la harina de almendra y el azúcar glas. Mezclar bien. Verter la mitad de la mezcla en las claras

(continúa) ➤

de huevo montadas e incorporar con cuidado con una espátula con movimientos envolventes. Añadir la mezcla de harina restante a las claras de huevo e incorporar hasta que esté todo mezclado. Añadir el colorante alimentario.

4. Llenar una manga pastelera grande con la mezcla. Cortar una punta o colocar una boquilla redonda. Apretar la manga y formar tres discos (uno de unos 4 cm y dos de 2,5 cm) con la mezcla de macarons en la bandeja formando la silueta de la cara de Mickey. Repetir la acción hasta que se acabe la masa y la bandeja esté llena.

5. Dar unos diez golpes firmes con la bandeja del horno contra la mesa o la encimera para que la masa se asiente y eliminar cualquier burbuja. Dejar que repose a temperatura ambiente durante 45 minutos.

6. Calentar el horno a 150 °C. Hornear las conchas 18 minutos o hasta que los macarons estén ligeramente dorados por fuera.

7. Sacar del horno y dejarlos enfriar completamente en la fuente, unos 20 minutos. Una vez se hayan enfriado, quitar los macarons de la fuente y colocarlos sobre una tabla de cortar. Dar la vuelta a la mitad de las conchas. En la superficie de las mitades a las que se ha dado la vuelta, colocar un poco de mousse seguido de una frambuesa (alternando mousse y frambuesa) hasta cubrir la superficie por completo. Colocar las otras mitades encima para formar un sándwich. ◈

Cupcakes Mickey de galletas de chococolate y vainilla (*cookies and cream*)

Main Street, U.S.A., Disneyland

❧❧❧

Disneyland Candy Palace en Main Street, U.S.A. se renovó en 2012 con una decoración interior deliciosa pensada en gran parte para que parezca comestible, como la lámpara de araña que da la impresión de estar goteando helado y la señal de salida en forma de caramelo. Y entre las creaciones comestibles de verdad están los exquisitos y superdulces cupcakes Mickey de galletas de chocolate y vainilla (*cookies and cream*). Decorados con las icónicas orejas de ratón, estas famosas magdalenas son muy fáciles de preparar y nunca fallan.

Para 24 cupcakes

PARA LOS CUPCAKES

3 cucharadas de mantequilla salada, ablandada

300 g de azúcar

2 huevos grandes

1 cucharadita de extracto de vainilla

171 g de harina

¼ cucharadita de bicarbonato de sodio

2 cucharaditas de levadura

94 g de cacao en polvo

¼ cucharadita de sal

250 ml de leche entera

1. Precalentar el horno a 175 °C. Colocar moldes de papel para cupcakes en dos bandejas de magdalenas y reservar.

2. En el bol de una batidora amasadora, añadir la mantequilla y el azúcar. Con el accesorio batidor plano, mezclar bien hasta formar una crema. Añadir los huevos y la vainilla. Mientras la batidora está en movimiento, añadir la harina, el bicarbonato de sodio, la levadura, el cacao en polvo y la sal, y continuar hasta que esté todo bien mezclado. Añadir la leche poco a poco.

3. Llenar los moldes de cupcake con la masa hasta la mitad.

4. Hornear durante 15 minutos o hasta que al insertar un palillo en el centro salga

(continúa) ➤

limpio. Sacar del horno y dejar que se enfríen del todo antes de ponerles la cobertura, aproximadamente 2 horas. ◈

PARA LA COBERTURA

113 g de mantequilla salada, ablandada

440 g de azúcar glas

225 g de queso crema, ablandado

2 cucharadas de nata

10 galletas de chocolate tipo Oreo, machacadas

48 minigalletas de chocolate tipo Oreo, enteras

1. En el bol limpio de una batidora amasadora, añadir la mantequilla, el azúcar glas, el queso crema y la nata. Con el accesorio de batidor plano, batir hasta formar una crema ligera y esponjosa. Añadir las galletas machacadas y mezclar hasta que quede una pasta homogénea.

2. Llenar una manga pastelera con boquilla con forma de estrella con la masa de la cobertura. Hacer una espiral con una cantidad generosa de cobertura sobre cada cupcake para crear una especie de pico. Colocar dos minigalletas a cada lado como si fueran las orejas de Mickey Mouse. ◈

A TU GUSTO

Las espirales de cobertura quedan chulísimas pero si prefieres menos cantidad puedes untar una capa más fina con un cuchillo encima de los cupcakes, lo suficiente para que se sujeten las orejas de ratón.

Indiana Jones
y la última brocheta de ternera

Adventureland, Disneyland

Situado al otro lado de Indiana Jones Adventure se encuentra Bengal Barbecue, un lugar ambientado en la selva famoso por sus pinchos y las vistas de la cocina abierta en la que los personajes cocinan en la parrilla. Este puesto de comida rápida lleva abierto más de veinticinco años y, junto con el feroz tigre que da la bienvenida, se ha convertido en una parada icónica para cualquiera que visite Adventureland. ¿Echas de menos el Jungle Cruise? ¿Tienes ganas de vivir aventuras inspiradas en Indiana Jones? ¡Transporta tus papilas gustativas con esta receta de barbacoa! Para darle un toque más sano, sírvela con una buena ensalada.

Para 6 raciones

120 ml de salsa teriyaki

120 ml de salsa de soja

80 ml de vinagre de arroz

1 cucharada de vinagre de vino tinto

½ cucharadita de ajo en polvo

1 cucharada de jengibre fresco picado

150 g de azúcar moreno claro

3 cucharadas de agua fría

1. En una cacerola mediana a fuego medio, añadir la salsa teriyaki, la salsa de soja, el vinagre de arroz, el vinagre de vino tinto, el ajo en polvo, el jengibre y el azúcar moreno. Ir removiendo y llevar a ebullición.

2. En un bol pequeño, mezclar el agua y el almidón de maíz.

3. Cuando la salsa hierva, apartar de la fuente de calor e incorporar poco a poco la mezcla de almidón de maíz. Dejar que la salsa se enfríe, unos 20 minutos. Verter la mitad de la salsa en un plato.

(continúa) ➤

3 cucharadas
de almidón de maíz

450 g de ternera
para pinchos

6 brochetas
de madera (20 cm)

4. Añadir los trozos de carne y empaparlos bien con la salsa. Cubrir el plato y dejar marinando en el frigorífico hasta el día siguiente. Verter el resto de la salsa en un recipiente distinto y guardarlo en la nevera.

5. Antes de prepararlo todo para montar los pinchos, dejar los palitos de las brochetas 30 minutos en remojo. Ensartar en las brochetas los trozos de carne embadurnados de salsa.

6. Calentar la sartén o la plancha grill a fuego medio.

7. Empapar un trozo de papel de cocina doblado con aceite y engrasar el grill con la ayuda de unas pinzas. Colocar las brochetas en el grill y cubrir la carne con una capa generosa de la salsa guardada. Dándoles la vuelta a las brochetas varias veces, dorar durante 8 minutos o hasta que la carne esté en el punto deseado. ❖

Julepe de la selva

Adventureland, Disneyland

Indiana Jones Adventure está considerada una atracción «cargada de emociones» pero en realidad no pasa de los 23 kilómetros por hora, que es inferior a la velocidad máxima permitida de circulación por ciudad. Los *Imagineers* consiguieron crear el efecto de velocidad y peligro al programar los ordenadores de abordo para ofrecer una experiencia guiada a través de un sistema hidráulico. Esta bebida imita la «adrenalina» de la atracción con todo su sabor y diversión, pero sin alcohol. También puedes dar rienda suelta a tu lado creativo con este cóctel y en lugar de zumo de uva o de naranja usar fruta de la pasión, mango o incluso piña, por ejemplo.

Para 2 raciones

420 g de trozos de piña congelada

250 ml de zumo de naranja sin pulpa

250 ml de zumo de uva

60 ml de zumo de limón

2 cucharadas de azúcar

1. Incorporar todos los ingredientes en la batidora y triturar hasta conseguir una textura suave. ◈

Colines cola de tigre

Adventureland, Disneyland

❧❦❧

Los colines cola de tigre están muy buenos por sí solos, pero una manera muy divertida de comerlos es mojándolos en los diferentes hummus de la receta que encontrarás en este capítulo. También puedes preparar el resto de las recetas de Bengal Barbecue incluidas en el libro y servirlas como tabla de embutidos. Y no te olvides de acompañarlas con el julepe de la selva (anterior receta). Las colas de tigre de pan son perfectas para limpiar el paladar entre bocados.

Para 8 raciones

62 ml de agua
más 250 ml de agua
caliente (40 °C), separados

½ cucharadita
más 1 cucharada
de azúcar, separadas

1 paquete (7 g)
de levadura seca

512 g de harina

½ cucharadita de sal

1 cucharada de mantequilla
salada, derretida

1 cucharadita de ajo picado

115 g de queso
cheddar rallado

1. Verter los 62 ml de agua en un bol pequeño y añadir ½ cucharadita de azúcar y la levadura. Dejar reposar 5 minutos.

2. En el bol de una batidora amasadora, añadir 380 g de harina y el agua y el azúcar restantes. Con el batidor plano, mezclar bien. Añadir la mezcla de levadura y la harina restante. Cambiar la varilla por el gancho amasador y amasar durante 5 minutos.

3. Calentar el horno a 200 °C. Cubrir una fuente de horno sin engrasar con papel para hornear y reservar.

4. Cortar la masa en ocho trozos iguales. Con las manos, extender la masa hasta formar un palito de pan de unos 20 cm.

(continúa) ➤

Colocar en la fuente de horno y darle forma de S. Dejar reposar 15 minutos.

5. En un bol pequeño, mezclar la mantequilla y el ajo, y pintar cada palito con la mezcla. Espolvorear el queso por encima de los palitos y presionar ligeramente para que se pegue.

6. Hornear hasta que se doren, unos 15 minutos. Se pueden guardar las sobras en una bolsa de plástico bien cerrada hasta tres días en el frigorífico. ◈

Indiana Jones y el templo del hummus

Adventureland, Disneyland

Bengal Barbecue es famoso por sus brochetas y sus platos a la parrilla, pero también tienen opciones más sanas y frescas como el trío de hummus que puedes acompañar con verduras frescas. Si echas de menos esos sabores (pero no tienes ganas de preparar nada a la parrilla), esta receta es fácil y rápida. Prepáralo en grandes cantidades y divídelo en tarros pequeños para poderte llevar este *snack* donde quieras.

Para unos 750 g de cada tipo

PARA EL HUMMUS DE ALUBIAS NEGRAS

1 cucharadita de ajo picado

1 lata (aprox. 400 g) de alubias negras, escurridas pero sin enjuagar

2 cucharadas de zumo de lima

1,5 cucharadas de tahini

1 cucharadita de comino molido

1 cucharadita de sal

½ cucharadita de pimentón dulce

Poner todos los ingredientes en una batidora o procesador de alimentos, y triturar hasta conseguir una textura cremosa. Guardar en un tarro o en un recipiente de plástico herméticos hasta 7 días en el frigorífico. ◈

(continúa) ➤

PARA EL HUMMUS DE PIMIENTO ROJO Y FETA

1 lata (aprox. 400 g) de garbanzos, escurridos pero sin enjuagar

150 g de queso feta desmigado

1 lata (aprox. 113 g) de pimientos rojos asados, escurrida

3 cucharadas de zumo de limón

1 cucharada de perejil seco

½ cucharadita de sal

2 cucharadas de tahini

Poner todos los ingredientes en una batidora o procesador de alimentos, y triturar hasta conseguir una textura cremosa. Guardar en un tarro o un recipiente de plástico herméticos hasta 7 días en el frigorífico. ◈

PARA EL HUMMUS DE JALAPEÑOS Y AJO ASADOS

2 jalapeños grandes

5 dientes de ajo medianos, sin pelar

2 cucharadas de aceite de oliva

1 lata (aprox. 400 g) de garbanzos, escurridos pero sin enjuagar

130 g de tahini

4 cucharadas de zumo de lima

1 cucharadita de zumo de limón

1 cucharadita de comino molido

Poner todos los ingredientes en una batidora o procesador de alimentos, y triturar hasta conseguir una textura cremosa. Guardar en un tarro o un recipiente de plástico herméticos hasta 7 días en el frigorífico. ◈

(continúa) ➤

1 cucharadita
de sal

1 cucharada
de cilantro seco

1. Calentar el horno a 220 °C.

2. Colocar los jalapeños y el ajo en una fuente de horno forrada con papel de aluminio. Echar un chorrito de aceite de oliva sobre el ajo. Asar en el horno durante 10 minutos. Sacar el ajo y colocarlo sobre una tabla de cortar. Dar la vuelta a los jalapeños. Asar los jalapeños otros 5 minutos. Sacar del horno y envolver inmediatamente en papel de aluminio para que sigan cocinándose durante 5 minutos.

3. En una batidora o procesador de alimentos, añadir el resto de los ingredientes. Pelar el ajo, cortar en trozos y añadir a la batidora. Desenvolver los jalapeños y quitarles la piel y las semillas. Cortar en varios trozos y añadir a la batidora poco a poco hasta alcanzar el nivel de picante deseado.

4. Triturar hasta que quede una textura suave o con algunos trozos si se prefiere. Guardar en un tarro o un recipiente de plástico herméticos hasta 7 días en el frigorífico. ◆

¿SABÍAS QUE...?

En 2019 los parques Disney se comprometieron a servir más comida vegetariana, vegana y apta para alergias alimentarias entre la que se incluye la Impossible Burger, una hamburguesa vegetal.

En busca de las brochetas de panceta

Adventureland, Disneyland

❧

¿Alguna vez te has subido al Jungle Cruise con una ración de brochetas de panceta? ¡Es como una cena con espectáculo! Los tripulantes en formación del Jungle Cruise reciben un montón de páginas con chistes que deben estudiar para prepararse para su trabajo. También tienen que aprenderse chistes prácticos que pueden usar si llueve o si se encuentran con un montón de patos en el río. Prepara estas deliciosas brochetas para tu próxima comida y reta a tu familia a que se inventen sus propios chistes dignos de un crucero en Disneyland.

Para 6 raciones

12 brochetas de madera (20 cm)

900 g de panceta, cortada en trozos de unos 2,5 cm

130 g de salsa hoisin

1. Dejar las brochetas 30 minutos en remojo. Calentar la sartén o la plancha grill a fuego alto.

2. Colocar unos siete trozos de cerdo en cada brocheta con bastante separación entre cada trozo. Usar un pincel de cocina para pintar la carne con abundante salsa hoisin.

3. Cocinar las brochetas hasta que la carne esté hecha, unos 8 minutos. ◈

Indiana Jones y las brochetas malditas

Adventureland, Disneyland

Antiguamente, Bengal Barbecue era un bar de zumos que se llamaba Sunkist, I Presume cuando abrió sus puertas en 1962, debido al patrocinio de Sunkist. Sin embargo, Sunkist decidió no renovar el patrocinio en 1990 y así nació la moderna Bengal Barbecue. Lo que antes solo era un bar de zumos ahora sirve una amplia selección de carnes y verduras. Este plato es uno de los favoritos de Bengal Barbecue gracias a la combinación de suculentas carnes y verduras frescas.

Para 6 raciones

6 brochetas de madera (20 cm)

250 g de beicon cortado grueso, en tiras de 5 cm

8 espárragos trigueros gruesos, cortados en trozos de 2,5 cm

1. Dejar las brochetas 30 minutos en remojo. Calentar la sartén o la plancha grill a fuego medio.

2. Envolver los trozos de espárrago con el beicon. Insertar el espárrago en la brocheta justo en el borde del beicon para sujetarlo. Repetir la operación con el resto de los trozos de espárrago para formar las brochetas repartidas de manera uniforme.

3. Cocinar las brochetas hasta que el beicon esté hecho y los espárragos estén tiernos, unos 8 minutos. ◈

Beignets de Mardi Gras

New Orleans Square, Disneyland

Originarios de Francia, los *beignets* (pronunciados algo así como «bei-ñé») llegaron a Luisiana con los colonos franceses. Esta especie de buñuelos esponjosos son una parte muy importante de las celebraciones de Mardi Gras. Entre los sabores de temporada de los *beignets* de New Orleans Square podemos encontrar chocolate caliente, palitos de caramelo, calabaza, pan de jengibre e incluso chicle. Los *beignets* de chicle se vendían de manera exclusiva en la fiesta Disneyland After Dark: 80s Nite.

Para 10 raciones

350 ml de agua tibia (a unos 40 °C)

100 g de azúcar

1 paquete (7 g) de levadura seca

2 huevos grandes

1¼ cucharadita de sal

250 ml de leche evaporada

950 g de harina panadera

50 g de manteca (también se puede usar mantequilla)

1 litro (aprox.) de aceite para freír

360 g de azúcar glas

1. En un bol pequeño, mezclar el agua con el azúcar y la levadura. Dejar reposar 10 minutos.

2. En el bol de una batidora amasadora, añadir los huevos. Con la varilla batidora, batir los huevos durante 1 minuto. Añadir la sal y la leche evaporada. Añadir el agua con la levadura y mezclar bien.

3. Incorporar 400 g de harina y seguir mezclando. Añadir la manteca o la mantequilla hasta incorporarla por completo. Añadir el resto de la harina hasta incorporarla por completo.

4. Cambiar la varilla por el gancho amasador y amasar hasta que la masa esté bien integrada, durante 5 minutos.

(continúa) ➤

5. Engrasar un bol grande. Transferir la masa al bol engrasado. Colocar film transparente engrasado o una cobertura similar para cubrir el bol y dejar que la masa suba durante 3 horas a temperatura ambiente.

6. En una olla grande de fondo grueso añadir el aceite a fuego medio. Debería tener una profundidad de unos 5 cm. Calentar el aceite a 175 °C. Colocar papel de cocina sobre una bandeja o un plato grande, y reservar.

7. Espolvorear una superficie plana con harina y estirar la masa hasta que tenga un grosor de algo más de medio centímetro. Cortar la masa en trozos con forma de Mickey (o darles forma con la mano).

8. Con cuidado, freír dos o tres formas de Mickey en el aceite caliente durante 1 minuto aproximadamente por cada lado, hasta que adquieran un color dorado. Colocar en el plato con papel de cocina. Repetir la operación con el resto de la masa.

9. Dejar que los *beignets* se escurran durante unos 30 segundos y cubrir con azúcar glas. ◈

¿SABÍAS QUE...?

Los *beignets* adquirieron fama en Disney gracias a la película *Tiana y el sapo*. Charlotte La Bouff, la amiga de Tiana, la contrata para que prepare enormes cantidades de *beignets* «para cazar a un hombre» en su fiesta de Mardi Gras. ¡Tú también podrás enamorar a quien quieras con esta receta para prepararlos en casa!

Buñuelos

New Orleans Square, Disneyland

Hace muchos años vendían estos buñuelos en Disneyland.
Desde entonces, han sido reemplazados por otras creaciones más
de temporada como los buñuelos de chocolate doble y los de tarta
de queso con frutos del bosque. ¡Pero ahora podrás disfrutar
de los originales en casa!

Para 6 raciones

1 litro (aprox.)
de aceite para freír

57 g de mantequilla
con sal, fría

250 ml de agua hirviendo

128 g de harina

½ cucharadita de sal

4 huevos grandes

200 g de azúcar

1. En una olla grande a fuego medio-alto, añadir el aceite hasta que alcance una profundidad de unos 7-8 cm. Calentar el aceite a 190 °C.

2. En una cacerola mediana a fuego medio, añadir la mantequilla, el agua, la harina y la sal. Mover constantemente hasta que se forme una bola homogénea y la masa se despegue de la cacerola, unos 4 minutos. Apartar la olla del fuego y dejar que se enfríe, unos 10 minutos.

3. Pasar la masa a un procesador de alimentos con una cuchilla de metal. Añadir los huevos uno a uno, pulsando cada vez que se añada uno para que se mezcle bien.

4. Colocar papel de cocina sobre una bandeja o un plato grande, y reservar. Verter azúcar en un bol mediano y reservar.

(continúa) ➤

5. Cuando el aceite esté caliente, mojar una cuchara normal o una cuchara para galletas en el aceite, y después llenar esa cuchara con masa del procesador de alimentos con cuidado. Echar la masa en el aceite. Repetir la operación dos veces y freír los buñuelos durante 4 minutos, hasta que tengan un color dorado oscuro.

6. Sacar los buñuelos fritos del aceite con pinzas o una espumadera, y colocarlos en el plato con papel de cocina. Repetir la operación con el resto de la masa.

7. Pasar los buñuelos por el azúcar antes de que se enfríen. Comer recién hechos. ◆

¿SABÍAS QUE...?

Este tipo de masa frita se llama *choux* (pronunciada «shu») y también puede hacerse al horno, dependiendo de la receta. ¡Buñuelo es mucho más fácil de pronunciar!

La sopa cremosa de almejas favorita de Jack Sparrow

New Orleans Square, Disneyland

ᴖᴖᴖᴖᴖ

Aunque la sopa cremosa de almejas es uno de los platos más conocidos y apreciados de la zona pantanosa del *bayou*, en realidad solo hay dos versiones principales: la de Nueva Inglaterra y la de Manhattan. La versión de Nueva Inglaterra tiene una base de nata mientras que la de Manhattan tiene una base de salsa de tomate. Así que esta receta se considera la versión de Nueva Inglaterra, aunque se sirve en New Orleans Square en Disneyland. La música de *Piratas del Caribe* está disponible en línea, así que puedes ponerla en la cocina mientras preparas y disfrutas de esta deliciosa sopa.

Para 8 raciones

76 g de mantequilla con sal, fría

43 g de harina

2 cucharadas de aceite

2 patatas amarillas grandes, peladas y cortadas en cubos

1 cebolla, pelada y troceada

2 tallos de apio medianos, troceados

250 ml del líquido de las latas de almejas

375 ml de nata

1. En una cacerola pequeña a fuego medio, derretir la mantequilla y añadir la harina. Seguir cocinando y removiendo con frecuencia durante unos 5 minutos. Apartar del fuego y reservar.

2. En una olla grande a fuego medio, verter el aceite y calentar durante 30 segundos. Añadir las patatas, la cebolla y el apio. Cocinar unos 10 minutos, hasta que la cebolla esté transparente.

3. Añadir el jugo de las almejas, la nata, las almejas, el tomillo, la sal, la pimien-

(continúa) ➤

2 latas (225 g)
de almejas al natural

1 cucharadita
de tomillo molido

½ cucharadita de sal

Una pizca de pimienta
blanca molida

ta blanca y la mezcla de mantequilla. Remover para mezclar bien y llevar a ebullición. Bajar el fuego y seguir cocinando a fuego lento durante 5 minutos, hasta que las patatas estén tiernas.

4. Se pueden guardar las sobras en un recipiente hermético hasta 3 días en el frigorífico. ◈

Julepe de menta

New Orleans Square, Disneyland

❦

El julepe de menta es la bebida oficial del Derbi de Kentucky y el día del derbi se llegan a degustar hasta 120 000 cócteles cada año. Normalmente se prepara con *bourbon* pero los parques Disney no suelen servir alcohol. Las excepciones son el exclusivo Club 33 y Oga's Cantina en Star Wars: Galaxy's Edge.

Para 2 raciones

PARA EL SIROPE DE MENTA

200 g de azúcar

250 ml de agua a temperatura ambiente

1 cucharada de extracto de menta

1. En un bol mediano apto para microondas, mezclar el azúcar, el agua y el extracto de menta. Meter en el microondas a potencia alta durante 1 minuto, remover y volver a meterlo 1 minuto más. Remover, tapar y guardar en el frigorífico al menos 1 hora. ◈

(continúa) ≫

Para 2 raciones

PARA EL JULEPE

250 ml de limonada

250 ml de agua con gas

4 cucharadas
de sirope de menta

4 cerezas al marrasquino

2 hojas de menta fresca

1. Llenar un vaso alto con hielo para cada julepe. Verter 125 ml de limonada y 125 ml de agua con gas sobre el hielo. Añadir 2 cucharadas de sirope de menta y remover. (Guardar el resto del sirope para usarlo en otras recetas en un recipiente hermético hasta 2 semanas en el frigorífico).

2. Ensartar dos cerezas y una hoja de menta en un palillo para decorar cada bebida. ◈

A TU GUSTO

¿No te gusta la menta? ¡No pasa nada! Prueba esta receta con un extracto de sabor diferente con opciones divertidas como naranja, fresa, vainilla y cereza.

Limonada de la galera Gold Port

Critter Country, Disneyland

Es una alternativa deliciosa y refrescante a las bebidas veraniegas tradicionales. En lugar de servir limonada normal o ponche de fruta en tu siguiente barbacoa o fiesta en la piscina, prepara esta receta. Si un día no tienes tiempo y quieres preparar esta receta rápida, usa limonada embotellada y mezcla el jarabe de fruta de la pasión antes de usar la heladera.

Para 6 raciones

350 g de azúcar

2 litros (aprox.) de agua a temperatura ambiente

350 ml de zumo de limón

2 cucharadas de jarabe con sabor de fruta de la pasión

100 g de piña confitada, en trozos

1. En un bol grande apto para microondas, mezclar el azúcar y 250 mililitros de agua. Meter en el microondas a potencia alta durante 1 minuto, remover y volver a meterlo 1 minuto más. Tapar el jarabe y meterlo en el frigorífico hasta que se enfríe, unas 2 horas.

2. Una vez frío, añadir el zumo de limón, el resto del agua y el saborizante de fruta de la pasión. Meter en la heladera y mezclar durante unos 15 minutos o hasta que tenga consistencia de granizado.

3. Repartir en vasos y decorar con la piña confitada. Guardar la limonada sobrante para helar otro día o beberla sin granizar. Guardar en una jarra en el frigorífico hasta 5 días. ◈

Funnel cake de churros

Critter Country, Disneyland.

El funnel cake de churros es un dulce delicioso para picotear mientras disfrutas de la serenidad de Critter Country. Los *Imagineers* querían crear atracciones de Winnie-the-Pooh en Walt Disney World y Disneyland pero sabían que tendrían que eliminar una atracción antigua en cada parque para dejar espacio. A los fans no les hizo ninguna gracia y exigieron que las atracciones clásicas se quedaran. Los *Imagineers* los escucharon y encontraron un punto medio: quitaron Mr. Toad's Wild Ride de Walt Disney World pero la dejaron en Disneyland. Dale un toque de nostalgia a tu cocina con esta receta fácil.

Para 4 raciones

1 litro (aprox.) de aceite para freír

350 ml de leche entera

2 huevos grandes

256 g de harina

1 cucharadita de levadura química

2 cucharaditas más 1 cucharadita de canela molida, separadas

½ cucharadita de sal

50 g de azúcar

120 ml de salsa de caramelo

30 g de nata montada

1. En una olla grande de fondo grueso, añadir el aceite a fuego medio-alto. Calentar el aceite a 190 °C. Colocar papel de cocina sobre una bandeja o un plato grande, y reservar.

2. En un bol grande, batir la leche y los huevos hasta que estén bien mezclados. Después añadir la harina, la levadura química, 2 cucharaditas de canela y la sal. La mezcla debería quedar un poco más líquida que la mezcla de tortitas.

3. Cubrir la punta de un embudo y añadir unos 30 g de mezcla (o en una jarra con boquilla). Empezando por el centro del

(continúa) ➤

aceite, verter la mezcla poco a poco formando una espiral hacia afuera como si se tratase de una masa de porras. Cocinar durante

2 minutos por lado o hasta que esté dorada.

4. Trasladar la mezcla frita a una bandeja forrada de papel de cocina para que se escurra y después pasarla a un plato limpio.

5. En un bol pequeño, mezclar el azúcar y la canela restante. Espolvorear por encima de la masa frita. Echar un chorrito de salsa de caramelo. Dibujar la forma de Mickey con la nata montada. ◈

Tarta de la cosa gris de *La bella y la bestia*

Fantasyland, Disneyland

Red Rose Taverne en Disneyland abrió en 2017 como respuesta a la adaptación con actores reales de *La bella y la bestia*. La cosa gris de *La bella y la bestia* es un pastelillo que recibe el nombre por la «cosa gris» que le sirven a Bella en la película de animación y en seguida se convirtió en su creación más popular. Este delicioso dulce se distingue del de Walt Disney World porque lleva una base de galleta de mantequilla y un interior de tarta y fruta. Sírvelo como postre sorpresa y convertirás cualquier cena en algo mágico.

Para 12 raciones

PARA LA GALLETA DE MANTEQUILLA

227 g de mantequilla salada, ablandada

100 g más 2 cucharadas de azúcar, separadas

1 cucharadita de extracto de vainilla

256 g de harina

1. Calentar el horno a 175 °C. Cubrir una fuente de horno sin engrasar con papel para hornear y reservar.

2. En el bol de una batidora amasadora, añadir la mantequilla y los 100 g de azúcar. Con el batidor plano, mezclar bien hasta formar una crema y después añadir la vainilla y la harina. Mezclar hasta que los ingredientes se hayan integrado y la masa sea firme, pero con consistencia todavía quebradiza, unos 2 minutos. Formar una bola con la mano.

3. Espolvorear 1 cucharada de azúcar en una superficie plana y colocar la bola de masa encima. Espolvorear la cucharada de azúcar restante por encima y estirar

(continúa) ➤

la masa hasta que tenga un grosor de algo más de medio centímetro.

4. Con un cortador de galletas (o un vaso de agua del revés), cortar doce círculos de 7-8 cm de diámetro.

5. Pasar con cuidado los círculos de masa a la bandeja de horno. Hornear durante unos 12 minutos. Tendrán un color muy claro, un poco más dorados en la parte de abajo. Dejar que se enfríen del todo en la bandeja, aproximadamente 1 hora.

PARA LA TARTA RED VELVET

1 caja de preparado para tarta Red Velvet (preparar siguiendo las instrucciones del paquete)

La cosa gris de *La bella y la bestia* (ver receta en el capítulo 4)

12 frambuesas medianas

1. Verter el preparado de la tarta en un molde para minimagdalenas engrasado. Hornear siguiendo las instrucciones del paquete.

2. Dejar enfriar por completo, aproximadamente 1 hora, sacar las minimagdalenas del molde y colocarlas en una rejilla para horno.

3. Para montar la tarta: llenar una manga pastelera grande con boquilla con forma de estrella con la masa de la cosa gris. Repartir las galletas de mantequilla. Colocar una minimagdalena del revés sobre cada galleta. Si es necesario, recortar un poco la parte de arriba de las magdalenas para que se mantengan planas y firmes. Colocar una frambuesa encima de cada magdalena. Con la manga paste-

(continúa) ➤

lera, repartir la cosa gris empezando por la base
de la magdalena, en círculos hacia arriba hasta cubrir
la frambuesa. ◆

A TU GUSTO

Esta receta usa tarta Red Velvet pero, si no te gusta,
puedes probar con tartas de distintos sabores. Un
esponjoso bizcocho combinará a la perfección con el
intenso sabor de *cookies and cream* de la cosa gris.

Macaroons del monte Cervino

Fantasyland, Disneyland

La atracción Matterhorn Bobsleds de Disneyland fue la primera montaña rusa tubular del mundo en lanzar más de un vehículo a la vez. Abrió en 1959, solo cuatro años después de la inauguración de Disneyland y formó parte de la primera gran expansión del parque. La montaña ficticia se eleva 45 metros, una réplica a escala de 1:100 del monte Cervino de Suiza. Estos bocados tan graciosos están diseñados para que parezcan una versión en miniatura del Cervino, ¡con cumbre «nevada» incluida!

Para 10 raciones

1 paquete (aprox. 400 g) de coco rallado sin azucarar

85 g de harina

¼ cucharadita de sal

350 ml de leche condensada

340 g de pepitas de chocolate blanco

1. Calentar el horno a 175 °C. Cubrir una fuente de horno sin engrasar con papel para hornear y reservar.

2. En un bol grande, mezclar el coco, la harina y la sal. Añadir la leche condensada y mezclar hasta que todos los ingredientes se hayan integrado.

3. Con las manos mojadas, coger unos 100 g de masa. Dar forma de montaña y colocar en la fuente de horno. Repetir con el resto de la masa volviendo a mojarse las manos para cada montañita y dejando unos 2,5 cm entre cada una en la fuente.

4. Hornear hasta que el coco se empiece a dorar, unos 15 minutos. Dejar que

(continúa) ➤

se enfríen del todo en la bandeja, aproximadamente 20 minutos.

5. En un bol mediano apto para microondas, añadir 300 g de las pepitas de chocolate. Poner 30 segundos en el microondas a potencia alta, remover y volver a ponerlo 15 segundos más. Seguir poniendo en el microondas en intervalos de 15 segundos, removiendo entre cada intervalo, hasta que el chocolate blanco se haya derretido.

6. Picar el resto de las pepitas de chocolate con un cuchillo.

7. Cuando los *macaroons* se hayan enfriado, mojarlos uno por uno en el chocolate blanco derretido para formar la «cumbre nevada» y espolvorear el chocolate blanco picado. ◆

Minibrownies del futuro

Tomorrowland, Disneyland

❧

Muchas de las atracciones y puestos de comida de los parques Disney tienen historias ficticias de las que la mayoría de la gente nunca ha oído hablar. La historia de Pizza Port (rebautizado posteriormente como Alien Pizza Planet), el restaurante en el que se servían los minibrownies, cuenta que un viajero del espacio llamado Redd Rockett estaba cansado de la escasa buena comida que había en la galaxia, así que decidió montar su propia pizzería. Por suerte, ahora puedes disfrutar de estas delicias en casa.

Para 24 minibrownies

113 g de mantequilla salada, ablandada

200 g de azúcar

2 huevos grandes

1 cucharadita de extracto de vainilla

62 g de cacao en polvo

64 g de harina

¼ cucharadita de sal

1,5 g de levadura química

64 g de azúcar glas

1. Calentar el horno a 175 °C. Cubrir una fuente de horno de 20 x 12 cm aproximadamente con papel para hornear dejando que sobresalgan unos 5 cm por los laterales. Reservar.

2. En el bol de una batidora amasadora, añadir la mantequilla, el azúcar, los huevos y la vainilla. Con el batidor plano, mezclar bien hasta formar una crema. Añadir el cacao en polvo, la harina, la sal y la levadura química, y remover hasta que todos los ingredientes queden bien combinados.

3. Llenar la bandeja con la mezcla. Hornear durante 30 minutos o hasta que al insertar un palillo en el medio salga limpio.

(continúa) ➤

4. Dejar que se enfríe del todo en la bandeja, aproximadamente 1 hora. Una vez que la masa está fría, levantar el papel para hornear y sacar el brownie. Cortar en cubos de unos 2,5 cm.

5. Verter el azúcar glas en una bolsa de comida de papel e introducir unos 4 cubos de brownie. Agitar con cuidado para cubrirlos con el azúcar glas. Repetir la operación con el resto de los cubos. Guardar en un recipiente hermético a temperatura ambiente hasta 3 días. ◆

¿SABÍAS QUE...?

Los brownies son un dulce muy habitual en los parques Disney, pero Pizza Port era el único lugar en el que podías degustar estos deliciosos minibrownies del futuro cubiertos de azúcar glas.

CAPÍTULO 4

Magic Kingdom

A primera vista, Disneyland y Magic Kingdom tienen un montón de cosas en común, pero lo más divertido es encontrar las diferencias. Gaston's Tavern solo la encontrarás en Fantasyland de Magic Kingdom, con sus platos exclusivos de *La bella y la bestia* como los rollos de canela gigantes de Gastón y el brebaje de LeFou. Sleepy Hollow en Liberty Square sirve gofres con ingredientes extra que van desde clásicos como la Nutella con fruta fresca a opciones diferentes como pollo picante con rúcula. ¡Y no nos olvidemos de la fantasía de cilindros de patata rallada con pollo y salsa búfalo de The Friar's Nook! Descubrir nuevos platos favoritos es tan divertido como subir a las atracciones. De hecho, una receta puede incluso mejorar algunas de ellas. ¿Sabías que puedes disfrutar de un helado suave de piña mientras esperas en Walt Disney's Enchanted Tiki Room? ¿O que los *snacks* están permitidos en la mayoría de las colas de atracciones? Si tienes que esperar en la fila durante una hora, qué mejor que aprovechar el tiempo zampándote unos muslos de pavo bestiales, ¿no? Pero como siempre, gracias a este capítulo, no tendrás que esperar a tu próxima visita a Magic Kingdom para disfrutar de estas apetitosas creaciones. Pon un poco de magia Disney a tu mesa, a una reunión con amigos o a lo que más te apetezca. ◆

Galletas Mickey de azúcar

Cuando estas galletas se estén haciendo en el horno, te resultará difícil no pensar en Magic Kingdom. Main Street, U.S.A., huele a dulce no solo porque haya una panadería, sino porque Disney bombea esencia de vainilla en el aire. Algunas atracciones también usan olores para mejorar la experiencia, como naranjas y sal marina en Soarin' (Disney California Adventure). Los aromas atrapan nuestros sentidos y crean potentes conexiones con los recuerdos. Para esta receta, puedes usar un cortador de galletas para dar forma de Mickey Mouse a la masa antes de hornear.

Para 3 docenas de galletas

200 g de fideos de colores

340 g de mantequilla salada, ablandada

300 g de azúcar

2 huevos grandes

1 cucharadita de extracto de vainilla

480 g de harina

2 cucharaditas de levadura

1 cucharadita de sal

1. Calentar el horno a 175 °C. Colocar los fideos en un bol pequeño y reservar. Cubrir una fuente de horno sin engrasar con papel para hornear y reservar.

2. En el bol de una batidora amasadora, añadir la mantequilla y el azúcar. Con el batidor plano, mezclar bien hasta formar una crema. Añadir los huevos y la vainilla, y mezclar. Añadir la harina, la levadura química y la sal. Mezclar.

3. Coger unas 2 cucharadas de masa en la mano y formar una bola. Colocar en la fuente de horno y aplanar un poco con la base de un vaso. Si se tiene un cortador de galletas de Mickey,

(continúa) ➤

usar para darles la forma a las galletas y desechar el resto de la masa que sobresale por los bordes. Espolvorear ligeramente los fideos sobre la galleta y presionar un poco para que se incrusten en la masa. Repetir la operación con el resto de la masa.

4. Hornear hasta que la parte de abajo se dore un poco, unos 15 minutos.

5. Dejar que reposen en la bandeja, unos 10 minutos, antes de pasar las galletas a una rejilla para enfriar. Guardar las sobras en un recipiente hermético a temperatura ambiente hasta 5 días. ◈

Manzanas envenenadas de caramelo

Main Street, U.S.A., Magic Kingdom

No hay un lugar mejor para comer manzanas de caramelo
que Main Street, U.S.A. Con cada bocado de manzana dulce y jugosa
mientras ves el desfile, es como si volvieras a tu infancia.
Y lo mejor de las manzanas de caramelo de los parques Disney son
los ingredientes extra, entre los que puedes elegir M&M's,
chocolatinas con mantequilla de cacahuete Reese's, fideos de colores,
pepitas de mantequilla de cacahuete, nueces pecanas y más. Incluso
puedes probar manzanas temáticas (que suelen ser de temporada)
como las «manzanas envenenadas», las de Halloween, de carroza
de Cenicienta o de Goofy entre otras. Prueba en casa algunas de
estas ideas de decoración de manzanas de caramelo.

Para 6 raciones

6 manzanas
Granny Smith grandes

1 paquete (aprox. 300 g)
de caramelos blandos,
sin el envoltorio

2 cucharadas
de leche entera

1. Preparar la encimera con papel para hornear engrasado. Reservar.

2. Clavar un palo de helado en profundidad en la parte del tallo de cada manzana. Reservar.

3. En un bol mediano apto para microondas, añadir los caramelos y la leche. Meter en el microondas a potencia alta durante 30 segundos. Remover. Poner en el microondas 15 segundos más. Remover. Repetir los intervalos de 15 segundos y remover hasta que los caramelos se hayan derretido del todo.

(continúa) ➤

4. Una a una, pasar las manzanas por el caramelo hasta que estén cubiertas del todo. Colocar en el papel para hornear engrasado.

5. Dejar reposar las manzanas unos 15 minutos antes de servir. ◈

Perritos calientes de macarrones con queso y beicon

Main Street, U.S.A., Magic Kingdom

En la inauguración de Walt Disney World in 1971, Casey's Corner se llamaba Coca-Cola Refreshment Corner. En 1995 le cambiaron el nombre y lo basaron en el famoso poema «Casey at the Bat» de Ernest Lawrence Thayer. El interior luce una temática dedicada al béisbol con un pianista de *ragtime* al frente. Es el lugar perfecto donde degustar este nostálgico bocado que suele disfrutarse durante los partidos. Márcate un *home run* con esta receta fácil.

Para 12 raciones

- 3 cucharadas de mantequilla salada fría
- 2 cucharadas de harina
- 480 ml de leche entera
- 225 g de queso cheddar maduro, rallado
- 300 g de macarrones o coditos de pasta, cocinados y escurridos
- 9 g de sal
- 1 cucharadita de pimienta negra molida
- 12 salchichas tipo frankfurt de ternera
- 12 panecillos para perritos calientes

1. En una cacerola grande a fuego bajo, derretir la mantequilla. Añadir la harina y cocinar durante 2 minutos, sin dejar de remover. Aumentar el calor a fuego medio y añadir la leche. Llevar a ebullición sin dejar de remover. Cuando rompa a hervir, bajar el fuego y cocer a fuego lento durante 4 minutos.

2. Añadir el queso a la olla y seguir removiendo hasta que se funda y se mezcle por completo. Verter la pasta cocinada y remover hasta que esté bien impregnada. Salpimentar.

3. Preparar las salchichas a la parrilla a fuego medio durante unos 5 minutos o

(continúa) ➤

115 g de beicon precocinado, en trozos

hasta que alcancen el punto deseado y después colocarlas en los bollos. Servir una cantidad generosa de macarrones con queso encima de cada perrito caliente y decorar con los trozos de beicon. ◆

A TU GUSTO

En Casey's Corner también sirven perritos con chili con queso y ensalada de col. ¡Deja volar tu creatividad! Prueba a aderezarlos con pepinillos o incluso con patatas fritas de bolsa machacadas. Asegúrate de que tu perrito caliente sea un plato que no olvidarás nunca.

Mini 101 perritos calientes rebozados

Main Street, U.S.A., Magic Kingdom

Al pasear por Main Street, U.S.A., es normal sentirse como si nos hubiéramos encogido. Es una táctica que se conoce como «perspectiva forzada». Los edificios son más pequeños en la parte de arriba para que quien los mire se sienta más pequeño y que los edificios parezcan más grandes de lo que en realidad son. Al comer algunos de los platos favoritos de cuando éramos niños se produce el mismo efecto y nos transportan a la infancia. Combina estos bocados con tus salsas preferidas para mojar y disfrútalos como tentempié o como parte de una comida completa.

Para 10 raciones

1 litro (aprox.) de aceite para freír

16 salchichas tipo frankfurt de ternera, cortadas de manera transversal en tres trozos

160 g de harina de maíz amarillo

128 g de harina

300 ml de leche entera

100 g de azúcar

½ cucharadita de sal

½ cucharadita de pimienta negra molida

4 cucharaditas de levadura

1 huevo grande

1. En una olla grande de fondo grueso añadir el aceite a fuego medio-alto. Debería tener una profundidad de unos 7-8 cm. Calentar el aceite a 175 °C. Colocar papel de cocina sobre una bandeja o un plato grande, y reservar.

2. Secar los trozos de salchicha con papel de cocina.

3. En el bol de una batidora amasadora, añadir el resto de los ingredientes. Con el batidor plano, mezclar bien.

4. Pasar cada trozo de salchicha por la masa y freírlas con cuidado en el aceite muy caliente. Se pueden freír en tandas de hasta 5 salchichas a la vez. Freír

(continúa) ➤

durante unos 2 minutos hasta que adquieran un color dorado, comprobando que se hacen por todos los lados por igual.

5. Colocar en un plato con papel de cocina. Repetir la operación con el resto de las salchichas. ◆

La leyenda del sándwich de gofre de pollo de Sleepy Hollow

Liberty Square, Magic Kingdom

Sleepy Hollow está situado cerca del castillo de la Cenicienta y sirve estos deliciosos bocados. Este sándwich de gofre combina lo mejor de lo mejor: un gofre crujiente con una rica salsa dulce con un toque picante que hará las delicias de todo el mundo.

Para 6 raciones

PARA EL POLLO

1 litro (aprox.) de aceite para freír

192 g de harina

1 cucharadita de sal

1 cucharadita de pimienta negra molida

1 cucharadita de cebolla en polvo

1 cucharadita de ajo en polvo

1 huevo grande

1 cucharada de agua a temperatura ambiente

680 g de pechuga de pollo deshuesada y sin piel, cortada en tiras de 2,5 cm de grosor

1. Calentar el horno a 75 °C.

2. En una olla grande de fondo grueso añadir el aceite a fuego medio. Debería tener una profundidad de unos 5 cm. Calentar el aceite a 170 °C.

3. En un bol mediano no muy hondo, mezclar la harina, la sal, la pimienta, la cebolla y el ajo en polvo. En un bol no muy hondo aparte, mezclar el huevo y el agua.

4. Pasar cada tira de pollo por la mezcla de harina, después pasarlo por la mezcla de huevo y luego otra vez por la de harina. Colocar en un plato grande y dejar reposar durante 5 minutos.

5. Colocar papel de cocina sobre una bandeja o un plato grande aparte y reservar.

(continúa) ➤

6. Freír con cuidado las tiras de pollo poco a poco hasta que la temperatura interna alcance al menos 74 °C, unos 8 minutos. Sacar del aceite y colocar sobre el plato cubierto con papel de cocina. Repetir la operación con el resto de las tiras de pollo. ◆

PARA LA SALSA DULCE Y PICANTE

2 cucharadas de mantequilla salada, derretida

2 cucharadas de sriracha

2 cucharadas de zumo de naranja sin pulpa

80 g de jarabe de arce puro

65 g de salsa de chile dulce

1 cucharada de miel de color claro

1. En un bol grande, mezclar la mantequilla, la sriracha, el zumo de naranja, el jarabe de arce, la salsa de chile dulce y la miel. Reservar hasta que esté todo listo para montar los sándwiches. ◆

PARA LOS SÁNDWICHES

6 gofres de Mickey (ver receta en el capítulo 7)

178 g de ensalada de col

2 cucharadas de aderezo de ensalada de col

40 g de rúcula fresca

1. En un bol mediano, mezclar la ensalada de col con el aderezo.

2. Colocar unos 20 g de la mezcla de ensalada de col sobre un gofre de Mickey (hecho con una gofrera estándar circular). Mezclar el pollo con la salsa dulce y picante. Colocar parte del pollo sobre la ensalada de col. Cubrir con un poco de rúcula. Doblar como si fuera un taco. Repetir la operación con el resto de los ingredientes. ◆

Funnel cake del jinete sin cabeza

Liberty Square, Magic Kingdom

El primer Funnel cake data de 1879 y se cree que lo prepararon los alemanes de Pensilvania. Hoy en día, el Funnel cake es un plato básico en los parques temáticos, ferias y carnavales, pero varios países tienen su versión diferente de este dulce. La versión de Liberty Square mantiene la temática en línea con el resto de la plaza y es una oda al estilo clásico americano.

Para 4 raciones

1 litro (aprox.) de aceite para freír

360 ml de leche entera

2 huevos grandes

256 g de harina

1 cucharada de levadura química

2 cucharadas de canela molida

½ cucharadita de sal

64 g de azúcar glas

1. En una olla grande a fuego medio-alto, añadir el aceite hasta que alcance una profundidad de unos 7-8 cm. Calentar el aceite a 190 °C. Colocar papel de cocina sobre una bandeja o un plato grande y reservar.

2. En un bol grande, batir la leche y los huevos hasta que estén bien mezclados. Después añadir la harina, la levadura química, la canela y la sal. La mezcla debería quedar un poco más líquida que la de tortitas.

3. Tapar la punta de un embudo (o una jarra con boquilla) y añadir unos 30 g de mezcla. Empezando por el centro del aceite, verter la mezcla poco a poco formando una espiral hacia afuera como si

(continúa) ➤

si se tratase de una masa de porras. Cocinar durante 3 minutos por lado o hasta que esté dorado.

4. Pasar el Funnel cake a una bandeja forrada de papel de cocina para que se escurra y después pasar a una bandeja para servir.

5. Espolvorear generosamente con azúcar glas mientras todavía está caliente. ◆

A TU GUSTO

Prueba diferentes ingredientes adicionales como salsa de chocolate, fresas o bolas de helado. Algunas versiones del Funnel cake se sirven incluso con un bloque de helado. Puedes hacerlo en casa si tienes una tarrina o una barra de helado. Sácalo del congelador y córtalo en tiras rectas para formar un bloque. Colócalo sobre el Funnel cake todavía caliente, ¡y listo!

Sándwich de gofre con fruta de Sleepy Hollow

Liberty Square, Magic Kingdom

Los pobladores de los Estados Unidos colonial no tenían crema de chocolate y avellanas para untar, pero a quienes visiten Liberty Square seguro que nos les importa el toque anacrónico de esta delicia. ¿Tienes un bote de crema de chocolate con avellanas para untar al que no le queda mucho después de hacer esta receta? Te propongo una idea divertida: llena el tarro casi vacío con helado de vainilla y cómete el helado del tarro directamente. Le dará un sabor riquísimo y aprovecharás cada gramo de la crema.

Para 6 raciones

6 gofres de Mickey (ver receta en el capítulo 7)

148 g de crema de chocolate y avellanas

2 plátanos grandes y maduros, pelados y a rodajas

300 g de fresas, cortadas en rodajas

148 g de arándanos

Untar los gofres de Mickey (hechos con una gofrera estándar circular) con la crema de chocolate y avellanas. Colocar encima trozos de plátano, fresa y arándanos. Repetir la operación con el resto de los gofres e ingredientes. Doblar los gofres por la mitad para formar sándwiches y servir. ◈

Cola del gato de Cheshire

Fantasyland, Magic Kingdom

❧✦☙

El gato de Cheshire es un famoso personaje de *Alicia en el país de las maravillas* de Lewis Carroll conocido por su divertida personalidad y humor. Este colorido dulce se creó en su honor. Adéntrate en la madriguera del conejo a la hora del postre u organiza una fiesta del té maravillosa.

Para 6 raciones

PARA LA MASA

1-2 paquetes (aprox. 490 g) de masa de hojaldre, congelada o fresca

1 sobre (aprox. 96 g) de preparado para natillas o pudin de vainilla

420 ml de leche entera

170 g de minipepitas de chocolate semidulces

1 huevo grande

1 cucharada de agua a temperatura ambiente

1. Sacar el hojaldre del congelador o de la nevera, y seguir las instrucciones del paquete. Calentar el horno a 200 °C. Cubrir una fuente de horno sin engrasar con papel para hornear y reservar.

2. En un bol mediano, batir el preparado de vainilla y la leche. Cubrir y enfriar en el frigorífico hasta que esté listo para usar, al menos 10 minutos.

3. Desenrollar las láminas de hojaldre y usar un rodillo de cocina para ablandar ligeramente las superficies. No hay que trabajar demasiado la masa o no subirá en el horno.

4. Untar una capa muy fina de preparado de vainilla en cada lámina de hojaldre y espolvorear una con las minipepitas de chocolate. Colocar con cuidado la otra

(continúa) ➤

lámina con la parte de la vainilla hacia abajo sobre las pepitas de chocolate.

5. Cortar con cuidado el «sándwich» de hojaldre en seis tiras largas. Sujetar una tira con la mano y retorcer una punta. Colocar en la fuente de horno. Repetir la operación con el resto de las tiras.

6. En un bol pequeño, batir el agua con el huevo. Pintar el hojaldre con la mezcla.

7. Hornear hasta que se doren y se hinchen, unos 20 minutos. Sacar del horno y dejar que se enfríen del todo en la bandeja, aproximadamente 30 minutos. ◆

PARA LA COBERTURA
128 g de azúcar glas
60 g de nata
1 cucharadita de extracto de vainilla
2 gotas de colorante alimentario en gel de color morado
2 gotas de colorante alimentario en gel de color rosa

En un bol mediano o en una batidora amasadora, mezclar el azúcar glas, la nata y la vainilla. Separar en cantidades iguales en dos boles pequeños y añadir las gotas de colorante de cada color a cada bol, y mezclar bien. Con una cuchara o una manga pastelera, pintar con los dos colores de cobertura sobre cada parte retorcida del «sándwich». ◆

CONSEJO DE COCINA

Un consejo muy útil para conseguir que los huevos alcancen rápidamente la temperatura ambiente es llenar un bol con agua caliente del grifo y meter los huevos. Déjalos en el agua unos 3-5 minutos. ¡Ya puedes usar los huevos a temperatura ambiente!

Brebaje de LeFou

Fantasyland, Magic Kingdom

Uno de los encuentros más populares con personajes Disney en todos los parques es con Gastón. Normalmente se le puede encontrar en Gaston's Tavern, donde venden el brebaje de LeFou. ¿Por qué es uno de los favoritos? A diferencia del talante de la mayoría de las cosas en Disney, Gastón es sin duda un malote que no vacila en presumir de que no serías capaz de ganarle levantando peso. Esta bebida es tan dulce y afrutada que igual hasta te anima a hacer alguna travesura también.

Para 6 raciones

240 g de nata

3 cucharadas de zumo de mango

3 cucharadas de zumo de fruta de la pasión

32 g de azúcar glas

1 (aprox. 340 g) lata de zumo de manzana concentrado congelado

750 ml de agua fría

3 cucharadas de jarabe de malvavisco tostado

1. En el bol de una batidora amasadora, añadir la nata, los zumos de mango y de la fruta de la pasión y el azúcar glas. Con la varilla batidora, batir a punto de nieve. Cubrir y refrigerar la espuma de fruta mientras llevas a cabo el resto de los pasos.

2. En un bol grande, mezclar el concentrado de zumo de manzana con agua. Añadir el jarabe de malvavisco. Verter en una heladera. Seguir las instrucciones del fabricante y dejarlo durante 20 minutos.

3. Repartir la mezcla en vasos y decorar con la espuma de frutas. Remover ligeramente para mezclar los sabores antes de servir. ◆

La cosa gris de *La bella y la bestia*

Fantasyland, Magic Kingdom

La bella y la bestia está ambientada en la Francia de antes de la Revolución y posiblemente la «cosa gris» de la película original fuera algún tipo de paté de hígado. Pero Walt Disney World quiso convertirlo en un bocado dulce. Se sirve en Be Our Guest Restaurant, situado al final de Magic Kingdom en Fantasyland. Es fácil confundir el restaurante con una atracción porque siempre tiene una cola enorme. Dentro hay tres salones temáticos: Grand Ballroom, Castle Gallery y West Wing. Cada salón ofrece un ambiente diferente.

Para 8 raciones

12 galletas de chocolate tipo Oreo

1 sobre (aprox. 96 g) de preparado para natillas o pudin de vainilla

350 ml de leche entera

1 tarrina (aprox. 225 g) de nata montada, descongelada

1. En una batidora o procesador de alimentos, triturar las galletas hasta conseguir una textura de gránulos finos. Reservar.

2. En un bol grande, añadir el preparado y la leche. Batir y reservar en el frigorífico durante 10 minutos.

3. Mezclar ligeramente las migas de galleta y la nata con una cuchara. ✦

Rollos de canela gigantes de Gastón

Fantasyland, Magic Kingdom

Los parques Disney llevan vendiendo aburridos rollos de canela de tamaño tristemente normal desde hace mucho tiempo. Pero en 2012 se pusieron las pilas e introdujeron los rollos de canela gigantes de Gastón. Tienen forma cuadrada de unos 20 cm y están bañados en glaseado y cobertura de caramelo. Están pensados para un hombre que se come cinco docenas de huevos cada día, ¡o para toda una familia!

Para 8 raciones

PARA LA MASA

113 g de mantequilla salada, derretida

360 ml de leche entera

830 g de harina

2 paquetes (14 g) de levadura seca

100 g de azúcar

1 cucharadita de sal

125 ml de agua a temperatura ambiente

2 huevos grandes

1. Engrasar una bandeja que mida unos 22 x 33 cm y reservar.

2. En un bol mediano, mezclar la mantequilla y la leche.

3. En el bol de una batidora amasadora, añadir 320 g de harina, la levadura, el azúcar y la sal. Añadir el agua, los huevos y la mezcla de mantequilla. Con el batidor plano, mezclar bien. Añadir el resto de la harina en tandas de unos 64 g sin parar de mezclar hasta que la masa empiece a formar una bola.

4. Cambiar la varilla por el gancho amasador y amasar a velocidad baja durante 5 minutos.

(continua) ➤

5. Sacar la bola de masa del bol, espolvorear un poco de harina en el bol y volver a colocar la bola de masa. Dejar que la masa fermente en un lugar cálido durante 10 minutos. ◈

PARA EL RELLENO

440 g de azúcar moreno claro

2 cucharadas de canela molida

227 g de mantequilla salada, ablandada

57 g de mantequilla salada, derretida

1. En un bol mediano, mezclar el azúcar moreno, la canela y la mantequilla ablandada. Reservar.

2. Extender la masa hasta formar un rectángulo de unos 60 x 90 cm. Untar la superficie de la masa con el relleno de manera uniforme.

3. Desde el extremo corto, enrollar la masa. Hacer un corte en el centro del rollo y después volver a cortar en el centro de las dos mitades para crear dos rollos gigantes.

4. Colocar los dos rollos con la parte de la espiral hacia arriba.

5. Verter la mantequilla derretida sobre los rollos. Dejar que fermenten y crezcan a temperatura ambiente 30 minutos.

6. Calentar el horno a 190 °C. Hornear los rollos durante 20 minutos y después cubrir de manera holgada con papel de aluminio y hornear 10 minutos más. ◈

PARA LA COBERTURA DE QUESO CREMOSO

225 g de queso crema

57 g de mantequilla salada, ablandada

256 g de azúcar glas

1 cucharadita de extracto de vainilla

3 cucharadas de nata

Una pizca de sal

1. En una cacerola mediana a fuego medio, añadir el queso cremoso y la mantequilla. Calentar y mezclar hasta que se hayan derretido, unos 3 minutos. Apartar del fuego e incorporar el azúcar glas. Añadir la vainilla, la nata y la sal. Remover y reservar. ◆

PARA EL *TOPPING* DE CARAMELO DE MANTEQUILLA

110 g de azúcar moreno claro

4 cucharadas de mantequilla salada, ablandada

120 g de nata

¼ cucharadita de sal

1 cucharadita de extracto de vainilla

1. En una cacerola mediana aparte a fuego medio, añadir el azúcar moreno, la mantequilla y la nata. Llevar a ebullición y hervir durante 5 minutos sin dejar de remover. Apartar del fuego. Añadir la sal y la vainilla. Reservar.

2. Para servir, colocar cada rollo gigante en un plato grande. Verter un chorrito de cobertura de queso de crema en una dirección sobre la espiral de cada rollo y después verter el caramelo de mantequilla de la misma manera en la otra dirección. ◆

CONSEJO DE COCINA

No desperdicies la masa que te haya sobrado a cada lado de los rollos gigantes. Haz cortes de unos 2,5-5 cm a lo largo de la masa sobrante. Coloca los trozos con la espiral hacia abajo en una bandeja de horno de cristal de unos 22 x 33 cm engrasada y hornea durante unos 20 minutos a 190 ºC o hasta que estén dorados y cocinados.

Flotadores de Peter Pan

Fantasyland, Magic Kingdom

Walt Disney tenía una conexión personal con la historia de Peter Pan antes de crear la película de animación: hizo de Peter Pan en una obra del colegio. Este delicioso refresco con helado apareció mucho después, como consecuencia del tremendamente popular refresco con helado suave de piña (Dole Whip) que también se sirve en Magic Kingdom. La versión del flotador de Peter Pan de Walt Disney World viene con una pluma roja de chocolate con leche, como la que el propio Peter Pan lleva en el gorro.

Para 10 raciones

4 yemas de huevos grandes

2 huevos grandes

250 g de azúcar

1 cucharada de zumo de limón

180 ml de zumo de lima

300 ml de nata

296 ml de leche entera

2 litros de refresco de lima limón

1. En una cacerola mediana a fuego medio, batir las yemas de huevo, los huevos, el azúcar, los zumos de limón y lima. Cocinar 7 min, sin dejar de remover.

2. Colar la mezcla con un colador fino sobre un bol grande. Añadir la nata y la leche. Mezclar bien.

3. Cubrir y refrigerar durante una hora.

4. Verter la mezcla fría en una heladera. Seguir las instrucciones del fabricante y dejar durante unos 20 minutos o hasta que la mezcla empiece a espesarse. Pasar a un recipiente de plástico grande, tapar y congelar durante 5 horas o toda la noche.

5. Para servir: colocar el helado en vasos y verter el refresco de lima limón por encima. ◈

La sopa de tomate favorita de Pinocho

Fantasyland, Magic Kingdom

Al preparar recetas Disney en casa, puedes crear combinaciones imposibles. Esta receta es sabrosa y llena mucho, y combina todavía mejor con los colines cola de tigre (ver receta en el capítulo 3). Pero solo podrás disfrutar de esta deliciosa combinación en casa, ya que, para poder tomar estos dos platos juntos, tendrías que viajar de Pinocchio Village Haus en Magic Kingdom en Florida hasta Bengal Barbecue en Disneyland en California. ¡Eso sí que es magia!

Para 6 raciones

800 g de tomates pera cortados en trocitos

½ cebolla blanca, pelada y troceada

4 cucharaditas de ajo picado

500 ml de caldo de pollo

2 cucharadas de mantequilla salada fría

2 cucharadas de harina

2 cucharaditas de sal

2 cucharaditas de azúcar

1 cucharada de sazonador italiano (orégano, albahaca, tomillo y romero)

1. En una olla grande a fuego medio, añadir los tomates, la cebolla, el ajo y el caldo. Cocinar durante 20 minutos.

2. Pasar la mezcla de tomate a una batidora (por tandas si es necesario) o utilizar una batidora de mano. Triturar hasta que quede una textura suave. Reservar.

3. En una olla grande aparte a fuego medio, añadir la mantequilla y la harina. Remover y cocinar durante 4 minutos para crear una base de salsa. Con un cazo de servir, añadir la mezcla de tomate a la base poco a poco y batir cada vez hasta que se haya incorporado toda la sopa.

(continua) ➤

4. Sazonar con sal, azúcar y el aderezo italiano. Mezclar hasta que todos los ingredientes se hayan integrado. Servir inmediatamente o guardar hasta 5 días en el frigorífico en un recipiente cerrado herméticamente. ◈

Muslos de pavo bestiales

Fantasyland, Magic Kingdom

※

Hace años que circula el rumor por los parques Disney de que los muslos de pavo son en realidad de emú de lo grandes que son. ¡No es verdad! Los muslos de pavo en Disney son tan grandes porque solo usan los pavos de mayor tamaño. No te preocupes, te aseguro que si te pides una de estas delicias en Disney no te estarás comiendo a ningún ave exótica. Puedes disfrutar de estos muslos casi en cualquier sitio, desde la carpa frente a la atracción The Barnstormer hasta tu cocina.

Para 2 raciones

2 cucharadas de sal

2 cucharadas de azúcar moreno claro

250 ml de agua a temperatura ambiente

2 muslos de pavo (aprox. 350 g)

1. Mezclar la sal, el azúcar moreno y el agua en una bolsa con cierre zip. Meter los muslos de pavo en la bolsa y dejarlos en salmuera en el frigorífico durante 24 horas.

2. Calentar el horno a 175 °C. Colocar una rejilla encima de una fuente de horno.

3. Colocar los muslos sobre la rejilla y hornear hasta que la temperatura interna llegue a los 80 °C, aproximadamente 1 hora y 15 minutos.

4. Dejar que se enfríen unos 10 minutos sobre la rejilla y después servir envueltos en papel encerado. ◈

Fantasía de cilindros de patata rallada con pollo y salsa búfalo

Fantasyland, Magic Kingdom

Este plato entró en el menú de The Friar's Nook en 2018, un enclave que ha sido testigo de más de un cambio. De hecho, The Friar's Nook, que abrió en 2009, es el sexto establecimiento de comida que ha ocupado ese lugar en Magic Kingdom. Si te fijas en el cartel del restaurante, verás los números romanos MLXXI, o 1071. Es un guiño a la apertura de Magic Kingdom en octubre de 1971. Este plato contundente y picante se ha convertido en un favorito de los fans y ahora tú puedes disfrutarlo en casa cuando quieras como plato principal o acompañamiento.

Para 3 raciones

½ paquete (aprox. 900 g) de *tater tots* congelados

140 g de pechuga de pollo cocinada y troceada

1 cucharada de salsa búfalo

3 cucharadas de salsa de queso azul

3 cucharadas de queso azul desmigado

2 tallos de apio medianos, troceados

1. Preparar los *tater tots* siguiendo las instrucciones del paquete. Repartir en tres boles medianos. Reservar.

2. En un bol grande, mezclar el pollo con la salsa búfalo. Rellenar cada bol con un tercio del pollo con salsa. Echar la salsa de queso azul por encima de cada bol. Espolvorear el queso desmigado. Acompañar con los tallos de apio. ◆

(continúa) ➤

CONSEJO DE COCINA

Al calentar los *tater tots* congelados en el horno, no te olvides de removerlos dos o tres veces durante el proceso de cocción, así conseguirás que se doren de manera uniforme. Normalmente, los tiempos de cocción indicados en el paquete suelen quedarse cortos, así que comprueba que estén crujientes antes de apagar el horno.

Rollitos de primavera de hamburguesa con queso

Adventureland, Magic Kingdom

Como muchos de los platos de picoteo de los parques Disney, estos rollitos de primavera (junto con los de pizza, ver receta en este capítulo) se han convertido en un plato de culto entre los entusiastas. Aparecieron en Adventureland en 2015, pero dejaron de servirse de manera misteriosa. En 2018 reaparecieron con un tamaño más grande (y con un precio más alto). Preparar estos rollitos de primavera en casa es muy fácil y económico. Sírvelos con tus condimentos de hamburguesa favoritos.

Para 10 rollitos

1 cucharada más ½ litro de aceite, separado

½ cebolla amarilla, pelada y troceada

1 cucharadita de ajo picado

450 g de ternera picada

1 cucharadita de sal

1 cucharadita de pimienta negra molida

1 cucharada de mostaza

1 cucharada de kétchup

70 g de queso cheddar rallado

10 láminas de pasta fina de huevo

1 huevo grande, batido

1. En una sartén grande a fuego medio, calentar 1 cucharada de aceite durante 30 segundos y después añadir la cebolla y el ajo. Cocinar durante 2 minutos. Añadir la ternera y salpimentar. Cocinar hasta que la ternera cambie de color, unos 5 minutos.

2. Apartar la sartén de la fuente de calor y escurrir. Mezclar la mostaza y el kétchup con el preparado de ternera y dejar que se enfríe ligeramente, unos 10 minutos. Reservar.

3. En una olla grande de fondo grueso, añadir el medio litro de aceite restante a fuego medio-alto. Debería tener

(continúa) ➤

una profundidad de unos 2,5 cm. Calentar el aceite a
175 °C.

4. Colocar papel de cocina sobre una bandeja o un plato grande, y reservar.

5. Colocar una lámina de pasta fina de huevo sobre la superficie de trabajo con una punta mirando hacia ti. Servir 2 cucharadas de la mezcla de ternera en el centro de la lámina. Espolvorear unos 7 g de queso sobre la carne. Pintar con el huevo los dos extremos opuestos de la lámina. Enrollar como un burrito con cuidado de que no se salga el relleno. Repetir la operación con el resto de las láminas y el relleno.

6. Colocar 4 rollitos en el aceite caliente y cocinar durante 2 minutos por lado o hasta que estén dorados. Colocar en un plato con papel de cocina. Repetir la operación con el resto de los rollitos. ◆

Rollitos de primavera de pizza

Adventureland, Magic Kingdom

Los rollitos de primavera son originarios de China y al comerlos se celebra la llegada de la primavera. La forma cilíndrica y el color dorado evocan lingotes de oro, símbolo de riqueza. El relleno de *pizza* es una versión perfecta de este plato clásico. Después de todo, ¡no hay mayor riqueza que tener mucha pizza!

Para 10 rollitos

½ litro (aprox.) de aceite para freír

450 g de queso mozzarella, rallado

70 g de rodajas de peperoni, en cuartos

112 g de salsa para pizza

10 láminas de pasta fina de huevo

1 huevo grande, batido

1. En una olla grande de fondo grueso añadir el aceite a fuego medio-alto. Debería tener una profundidad de unos 2,5 cm. Calentar el aceite a 175 °C.

2. Colocar papel de cocina sobre una bandeja o un plato grande, y reservar.

3. En un bol mediano, mezclar el queso, el peperoni y la salsa de pizza.

4. Colocar una lámina de pasta fina de huevo sobre una superficie de trabajo con una punta mirando hacia ti. Servir 2 cucharadas de la mezcla en el centro de la lámina. Pintar con el huevo los dos extremos opuestos de la lámina. Enrollar como un burrito con cuidado de que no se salga el relleno. Repetir la operación con el resto de las láminas y el relleno.

(continúa) ➤

5. Colocar 4 rollitos en el aceite caliente y cocinar durante 2 minutos por lado o hasta que estén dorados. Sacar del aceite y colocar sobre el plato cubierto con papel de cocina. Repetir la operación con el resto de los rollitos. ◈

Helado suave de piña de Vaiana

Adventureland, Magic Kingdom

El helado suave de piña (Dole Whip) es el clásico entre los clásicos de toda la comida de los parques Disney. Este *snack* dulce y afrutado surgió en la plantación Dole en Hawái, donde los sedientos turistas se refrescaban con un sorbete tras pasear entre los campos de piñas. Se puede encontrar junto a Walt Disney's Enchanted Tiki Room, donde los visitantes pueden disfrutarlo mientras esperan en la fila del espectáculo y escuchan la canción «The Tiki, Tiki, Tiki Room».

Para 6 raciones

250 ml de agua a temperatura ambiente

300 g de azúcar

500 ml de zumo de piña frío

1 cucharada de zumo de lima

1. En un bol mediano apto para microondas, añadir el agua y el azúcar. Poner en el microondas durante 1 minuto, remover, volver a meter durante 1 minuto más y remover para hacer almíbar. Tapar y guardar en el frigorífico al menos 2 horas.

2. Verter el zumo de piña en una heladera y añadir 170 g del almíbar frío. Añadir el zumo de lima. Seguir las instrucciones de la heladera y dejar durante unos 20 minutos.

3. Servir inmediatamente o transferir a un recipiente grande de plástico, cubrir y congelar durante un día para obtener una consistencia más sólida. ◈

(continúa) ➤

¿SABÍAS QUE...?

El Dole Whip «auténtico» de Disneyland se prepara con una mezcla de polvos preparados y agua. Puedes saborear esta receta en casa sin tener que comprar la mezcla y está igual de buena que el original.

Tiki tarta de piña al revés

Adventureland, Magic Kingdom

Esta deliciosa tarta se sirve en Aloha Isle, junto a Walt Disney's Enchanted Tiki Room y frente a la atracción The Magic Carpets of Aladdin. Para vivir la experiencia completa, prepara el helado suave de piña de Vaiana (receta anterior) para ponerlo encima de la tiki tarta de piña. La combinación del helado suave frío y la tarta dulce está increíble.

Para 18 raciones

113 g de mantequilla salada, derretida

220 g de azúcar moreno claro

2 latas (aprox. 550 g) de aros de piña en su jugo, escurridos (reservar el jugo)

1 paquete (aprox. 400 g) de preparado de bizcocho

3 huevos grandes

113 g de mantequilla salada, ablandada

1. Calentar el horno a 175 °C. Engrasar tres moldes de magdalenas extragrandes y reservar.

2. En un bol pequeño, mezclar bien la mantequilla derretida y el azúcar moreno. Servir unas 2 cucharadas de mezcla en el fondo de cada molde de magdalena.

3. Colocar 1 aro de piña en cada uno de los 18 moldes de magdalena y reservar el zumo de piña.

4. Verter el zumo de piña en un recipiente y añadir agua si es necesario para obtener unos 250 ml. En el bol de una batidora amasadora, añadir el zumo de piña, la mezcla de bizcocho, los huevos y la mantequilla ablandada. Con el

(continúa) ➤

accesorio de batidor plano, batir a velocidad baja durante 30 segundos y después a velocidad alta durante 2 minutos.

5. Con un medidor de unos 42 g o una cuchara para galletas, coger la masa y servirla en los moldes de magdalena sobre la piña.

6. Hornear hasta que al insertar un cuchillo en el medio salga limpio, unos 20 minutos. Dejar enfriar unos 3 minutos antes de intentar desmoldarlo.

7. Con un cuchillo con mantequilla, soltar los laterales de las magdalenas. Colocar una bandeja de horno limpia sobre el molde de las magdalenas y darle la vuelta para que las magdalenas queden sobre la bandeja. ◆

Palomitas dulces de cine

Frontierland, Magic Kingdom

Las palomitas de sabores han ganado popularidad en los parques Disney con los años. Igual que las de mantequilla, muchos de los sabores de palomitas vienen en cubos que se pueden rellenar en distintos puntos de los parques. Estas palomitas dulces de jarabe de arce tienen una textura similar a las de caramelo, pero con un sabor ahumado característico que solo aporta el arce.

Para 15 raciones

270 g de azúcar

230 g de mantequilla con sal, fría

80 g de jarabe de arce puro

85 g de jarabe de maíz claro

½ cucharadita de sal

1 cucharadita de aromatizante de arce

1 cucharadita de extracto de vainilla

160 g de palomitas hechas

1. En una cacerola mediana a fuego medio, añadir el azúcar, la mantequilla, el jarabe de arce, el jarabe de maíz y la sal. Cocinar y remover hasta que la mantequilla esté derretida del todo y los ingredientes estén bien mezclados, unos 3 minutos. Remover de vez en cuando hasta que la temperatura alcance los 150 °C. Apartar del fuego y añadir el aromatizante de arce y el extracto de vainilla.

2. Llenar una bolsa de papel de comida con la mitad de las palomitas. Con cuidado, verter la mitad de la salsa de arce por encima. Añadir el resto de las palomitas y el resto de salsa.

3. Enrollar el borde de la bolsa y, sujetándola con manoplas para horno, agitar

(continúa) ➤

la bolsa con energía para cubrir todas las palomitas con la salsa. Con cuidado, verter las palomitas sobre papel para hornear encerado en la encimera y utilizar una espátula de goma para extenderlas de manera uniforme y romper cualquier bloque que se haya podido formar.

4. Dejar reposar unos 20 minutos para que la cobertura se endurezca. Guardar las sobras en un recipiente hermético hasta 1 semana. ◈

CAPÍTULO 5

EPCOT

EPCOT es el paraíso de los *foodies* de Walt Disney World Resort. Hay gente que viene a este parque exclusivamente para comer. En lugar del sistema de organización con un «centro» y una «periferia» que encontramos en Disneyland y Magic Kingdom, EPCOT tiene un lago central y «tierras» que lo rodean. Los visitantes que llegan al parque se topan inmediatamente con la icónica esfera geodésica de la nave espacial Tierra. Sube a bordo de un barco Friendship y te llevará al World Showcase, donde podrás deleitar tus sentidos y dar la vuelta al mundo a través de los olores y los sabores. Hay once países representados y la mayoría cuenta con al menos un restaurante con servicio de mesa, un restaurante con servicio en barra y diversos puestos de comida rápida y tentempiés. En palabras del genial crítico gastronómico Andrew Zimmern, «si tiene buena pinta, ¡cómetelo!». Gracias a las recetas de este libro, no tendrás que viajar y podrás organizar una noche especial basada en recetas de un país en concreto, ¡o incluso probar tus platos favoritos de distintos lugares al mismo tiempo y sin salir de tu casa! ◈

Dónuts de cruasán

Future World, EPCOT

Es posible que conozcas esta delicia dulce como «crónut», creación patentada por el inventor Dominique Ansel de la Dominique Ansel Bakery de Nueva York, en 2013. Desde entonces, muchos sitios han creado su versión de este dónut, incluido Walt Disney World Resort. Este dulce solía venderse solo en los festivales de EPCOT, pero tenía tanto éxito que pasó a ser un bocado fijo en Electric Umbrella de Future World. Ahora tú también puedes prepararlo en casa con esta fácil receta.

Para 8 raciones

700 ml aproximadamente de aceite para freír

1 paquete (aprox. 460 g) de masa de galleta

100 g de azúcar

1 cucharadita de canela molida

1. En una olla grande de fondo grueso, añadir el aceite a fuego medio-alto. Debería alcanzar una profundidad de unos 5 cm. Calentar el aceite a 190 °C.

2. Cortar un agujero de unos 2,5 cm en el centro de cada galleta. Freír dos galletas con cuidado en el aceite caliente durante 1 minuto por cada lado.

3. Sacar los dónuts y colocarlos sobre una rejilla para que se enfríen. Repetir la operación con el resto de los dónuts.

4. Mezclar el azúcar y la canela en un plato mediano. Cubrir los dónuts con la mezcla de azúcar y canela. ◈

Aristosándwiches
de macarons con helado

Francia, EPCOT

Los encuentros con los personajes en EPCOT incorporan historias que proceden de los distintos países del World Showcase. En el pabellón de Francia, puedes encontrarte con personajes como Bella y Bestia (de *La bella y la bestia*); Aurora (de *La bella durmiente*); Marie, Berlioz y Toulouse (de *Los aristogatos*); y Remy (de *Ratatouille*). La combinación de las conchas crujientes con el frío y cremoso helado de esta receta dará lugar a una fiesta en tu boca y es el *snack* perfecto para una maratón Disney en casa un día caluroso o para tu próxima fiesta en el jardín o en el parque.

Para 6 macarons

12 (7-8 cm de diámetro) macarons rosas de frambuesa con forma de Mickey (ver receta en el capítulo 3)

450 g de helado de cualquier sabor

Colocar una bola de helado entre dos conchas. Repetir la operación con el helado restante y las conchas. Comer recién hechos. ◈

A TU GUSTO

Una manera fácil de variar esta receta es usar helado de diferentes sabores. Las opciones con vainilla son una combinación clásica que deja todo el protagonismo a los macarons, mientras que, con sabores más potentes como el Rocky Road con malvaviscos, nueces y chocolate o como el de menta con trocitos de chocolate, ¡la estrella es el helado en sí!

Croque Frozen

Francia, EPCOT

En la tienda L'Artisan des Glaces en el pabellón de Francia en EPCOT, estos sándwiches de helado se hacen al gusto. Puedes elegir entre uno de los dieciséis deliciosos sabores de helado, así como entre salsa de fresa o de chocolate. Una vez decidido el sabor, el personal corta un bollo *brioche* recién hecho por la mitad, añade el helado que has elegido y vierte la salsa que quieras. Después lo pone en una sandwichera especial creada especialmente para esta delicia que une los bordes del bollo y atrapa el helado en el centro. ¡Ahora podrás disfrutar en casa de este sándwich increíblemente delicioso!

Para 4 sándwiches

250 ml de leche entera

50 g de azúcar

2 cucharaditas de levadura seca

576 g de harina

1 cucharadita de sal

5 huevos grandes, separados

113 g de mantequilla salada, ablandada

1 cucharadita de agua a temperatura ambiente

600 g de helado de cualquier sabor

60 g de salsa de chocolate

1. Calentar el horno a 175 °C.

2. En un bol grande apto para microondas, añadir la leche y meterla en el microondas a potencia alta durante 30 segundos. Remover. Meter en el microondas 30 segundos más. Repetir hasta que la leche alcance 40 °C. Añadir el azúcar y la levadura, mezclar y dejar reposar 15 minutos.

3. En el bol de una batidora amasadora, añadir la harina y la sal. Incorporar la mezcla de leche y levadura. Con el gancho amasador, empezar a mezclar a velocidad baja. Añadir 4 huevos uno a uno. Cuando casi toda la harina se haya

(continúa) ➤

incorporado, añadir la mantequilla, 1 cucharada cada vez. Aumentar la velocidad y amasar durante unos 10 minutos.

4. Formar una bola con la masa y pasarla a un bol grande engrasado. Cubrir con papel film. Dejar que la masa fermente en un lugar cálido durante 1 hora.

5. Cubrir una fuente de horno sin engrasar con papel para hornear y reservar.

6. Enharinar ligeramente una superficie plana y colocar la masa. Aplanar la masa ligeramente con la mano hasta que tenga unos 2,5 cm de grosor. Cortar la masa como una pizza en ocho triángulos iguales. Formar una bola con cada trozo remetiendo los bordes por abajo para que la parte de arriba quede tirante. Colocar las ocho bolas en la fuente de horno preparada previamente, cubrir con plástico y dejar reposar durante 30 minutos.

7. En un bol pequeño, batir el agua con el huevo restante. Pintar los bollos generosamente con la mezcla. Hornear durante 25 minutos o hasta que la parte de arriba de los bollos se haya dorado. Dejar que se enfríen un poco en una rejilla, unos 10 minutos.

8. Cortar los bollos por la mitad. Vaciar la miga con cuidado del centro de los bollos (o apretar con los dedos si se prefiere el sándwich más denso). Servir una porción de helado del tamaño de una pelota de tenis en el centro de los cuatro bollos. Rociar con la salsa de chocolate. Presionar con la otra mitad encima. Repetir hasta formar los 4 sándwiches. ◆

(continúa) ➤

¿SABÍAS QUE...?

Aunque se venden en el pabellón de Francia de EPCOT, los sándwiches de pan de *brioche* con helado son una creación italiana. Los sicilianos inventaron esta delicia dulce que después se extendió por toda Europa. Nadie puede resistirse a esta deliciosa combinación.

Napoleones

Francia, EPCOT

꘎꘎꘎

Este postre francés también se conoce como *mille-feuille*, o milhojas. Aunque solo se ven tres capas de hojaldre y dos capas de crema, en realidad tiene un montón más. El hojaldre se hace aplanando la masa, añadiendo una capa de mantequilla y volviendo a doblar la masa. Después se refrigera y el proceso se repite una y otra vez hasta que se crean cientos de capas. La siguiente receta te lo pone mucho más fácil ya que utiliza hojaldre listo para usar.

Para 6 raciones

1-2 paquetes (aprox. 490 g) de masa de hojaldre, congelada o fresca

1 cucharada de azúcar

366 g de crema pastelera (ver receta de la tartaleta de fresas en este capítulo)

128 g de azúcar glas

2 cucharadas de leche entera, separadas

1 cucharadita de cacao en polvo

1. Sacar el hojaldre y dejar que repose a temperatura ambiente al menos 40 minutos antes de usarlo. (Comprobar las indicaciones del paquete).

2. Calentar el horno a 200 °C. Cubrir una fuente de horno sin engrasar con papel para hornear.

3. Colocar la masa de hojaldre en la fuente de horno. Pinchar con un tenedor por toda la superficie de la masa.

4. Espolvorear azúcar sobre la masa. Colocar una hoja de papel para hornear sobre la masa y después una capa de papel de aluminio. Colocar otra fuente de horno encima del papel de aluminio para evitar que la masa se hinche. Hornear durante 15 minutos.

(continúa) ➤

5. Quitar la fuente de horno extra, el aluminio y el papel para hornear por arriba. Hornear 8 minutos más. Darle la vuelta al hojaldre y hornear 7 minutos más o hasta que se dore y esté crujiente.

6. Pasar el hojaldre a una rejilla para enfriar y dejar que se enfríe por completo, durante 1 hora más o menos.

7. Cuando el hojaldre se haya enfriado del todo, cortar los bordes tostados y cortar en 18 rectángulos de aproximadamente 5 x 10 cm.

8. Reservar seis rectángulos.

9. Para montar los pasteles con los doce rectángulos restantes, colocar un rectángulo en una superficie plana y untar unas 2 cucharadas de crema pastelera encima. Añadir otro rectángulo de masa seguido de otra capa de crema pastelera. Repetir hasta montar seis pasteles.

10. En un bol pequeño, mezclar la mitad del azúcar glas y 1 cucharada de leche para crear una cobertura diluida.

11. En un bol pequeño aparte, mezclar el resto del azúcar glas, la cucharada de leche restante y el cacao en polvo para crear la cobertura de chocolate. Pasar la mezcla a una manga pastelera o a una bolsa de plástico pequeña y cortar una esquina.

12. Para terminar cada napoleón, usar un cuchillo para extender la cobertura blanca sobre los rectángulos reservados. Usar la manga pastelera para dibujar cuatro o cinco líneas diagonales de cobertura de chocolate sobre el rectángulo de arriba mientras la mezcla blanca todavía está húmeda. Arrastrar hacia ti un palillo en tres líneas diagonales perpendiculares sobre las tres primeras líneas de chocolate para crear un patrón cruza-

(continúa) ➤

do. Arrastrar el palillo entre cada una de las últimas tres líneas diagonales en dirección contraria. Colocar esta hoja decorada sobre las otras capas. Repetir la operación de decoración con el resto de los rectángulos y crema pastelera. ◈

Crepes

Francia, EPCOT

En EPCOT se sirven crepes con cinco combinaciones de sabores: mantequilla y azúcar, mermelada de fresa, chocolate, chocolate y avellanas, o con helado. Puedes preparar cualquiera de estas combinaciones en casa usando la siguiente receta como base. Incluso puedes dar rienda suelta a tu imaginación y usar ingredientes que no se venden en EPCOT. ¿Qué te parece con plátano? ¿Y jamón y queso? Las crepes son una base perfecta que queda bien con casi cualquier cosa.

Para 6 raciones

128 g de harina
480 ml de leche entera
4 claras de huevos grandes
1 cucharada de aceite
1 cucharada de miel de color claro
½ cucharadita de sal

1. En una batidora, incorporar todos los ingredientes y triturar hasta que queden bien mezclados, unos 30 segundos.

2. Calentar una sartén antiadherente a fuego medio durante 30 segundos. Engrasar la sartén. Verter un cacito de la masa directamente de la batidora al centro de la sartén dibujando círculos para cubrir la superficie con una fina capa de masa.

3. Dejar que se vaya haciendo durante un minuto y medio aproximadamente. Cuando los bordes adquieran un tono marrón oscuro y se despeguen, deslizar una espátula de plástico alrededor de todo el borde de la masa, meterla debajo de la crepe y darle la vuelta. Cocinar

(continúa) ➤

durante otro minuto y medio por ese lado. Retirar y reservar en un plato grande.

4. Repetir con el resto de la masa engrasando la sartén entre cada crepe si es necesario.

5. Colocar una crepe y rellenar con los ingredientes deseados, doblar por la mitad y después otra vez. Repetir la operación con el resto de las crepes. ◈

¿SABÍAS QUE...?

La palabra *crepe* viene del latín *crispus*, que significa «rizado». Sin embargo, las crepes se sirven con muchas formas diferentes como medias lunas, triángulos, enrolladas o dobladas en paquetitos.

Tartaletas de fresas

Francia, EPCOT

Este delicioso postre adorado por los franceses se puede preparar muy rápido con algunas sustituciones. En lugar de hacer la base de cero, se puede comprar preparada en el supermercado. Además, no hace falta pringarse preparando la crema pastelera, puedes buscar una receta rápida para hacer al microondas en cinco minutos o comprarla ya hecha. El resultado tiene un sabor muy similar y es mucho más fácil de preparar.

Para 8 raciones

PARA LA BASE

160 g de harina

64 g de azúcar glas

¼ cucharadita de sal

115 g de mantequilla con sal, fría y cortada en cubos de aproximadamente medio centímetro

1 huevo grande

½ cucharadita de extracto de vainilla

1. En un procesador de alimentos, añadir la harina, el azúcar glas y la sal. Pulsar cinco veces para mezclar. Añadir los cubos de mantequilla poco a poco, pulsando cinco veces cada vez que se añada uno hasta que la mezcla tenga aspecto de migas gruesas. Añadir el huevo y la vainilla, y pulsar unas cuantas veces más hasta que la masa forme una especie de bola.

2. Sacar la masa del procesador de alimentos y colocar en una tira de papel film. Envolver y aplanar hasta formar un disco de algo más de 1 cm de grosor. Refrigerar durante 1 hora. ◈

(continúa) ➤

PARA LA CREMA PASTELERA

480 ml de leche entera

6 cucharadas de azúcar

3 yemas de huevos grandes

1 huevo grande

2 ½ cucharadas de almidón de maíz

¼ cucharadita de sal

1 cucharada de extracto de vainilla

3 cucharadas de mantequilla salada fría

1. En una cacerola mediana a fuego medio, calentar la leche removiendo con frecuencia. Apartar del calor cuando la leche empiece a burbujear por los bordes de la cacerola, unos 2 minutos. Reservar.

2. En el bol de una batidora amasadora, añadir el azúcar, las yemas, el huevo entero, el almidón de maíz, la sal y la vainilla. Con la varilla batidora, batir hasta que estén bien mezclados.

3. Sin dejar de remover, verter unos 125 ml de leche caliente poco a poco a la mezcla de huevo. Añadir otros 125 ml de leche sin dejar de remover.

4. Verter la mezcla de huevo en una cacerola con el resto de la leche. A fuego medio, batir a mano durante 2 minutos hasta que la crema se empiece a espesar. Bajar a fuego lento y seguir batiendo 2 minutos más.

5. Apartar la crema de la fuente de calor, añadir la mantequilla, 1 cucharada cada vez, y batir hasta que esté toda incorporada. Verter la crema con la ayuda de un colador en un bol grande y cubrir inmediatamente con papel film. Colocar bien el plástico sobre la superficie de la crema. Refrigerar durante 2 horas.

(continúa) ➤

6. Calentar el horno a 190 °C. Engrasar un molde de magdalenas extragrandes y reservar.

7. Sacar la masa para la base del frigorífico y estirarla hasta que tenga un grosor de algo más de medio centímetro sobre una superficie enharinada. Usar un cortador de galletas circular o una tapa, y cortar círculos de masa de unos 10 cm de diámetro.

8. Colocar los círculos en los moldes y presionar para cubrir la base del molde de magdalenas. Cortar cuadrados de papel de aluminio y presionar con el papel ligeramente sobre la masa en cada molde. Llenar cada molde con judías secas o arroz crudo. Hornear durante 15 minutos.

9. Sacar del horno y dejar enfriar unos 15 minutos, retirar las judías o el arroz y el papel de aluminio, y dejar que las tartaletas se enfríen al menos 30 minutos antes de rellenar. ◈

PARA LOS *TOPPINGS*
150 g de fresas, cortadas en rodajas
1 cucharada de azúcar

1. Colocar las rodajas de fresas en un plato mediano. Espolvorear con azúcar. Reservar.

2. Llenar una manga pastelera con boquilla con forma de estrella con la crema pastelera. Rellenar cada tartaleta con la crema pastelera y terminar con un remolino en punta. Colocar las rodajas de fresas alrededor. Coronar cada remolino de crema pastelera con una rodaja de fresa. ◈

Pan dulce de la escuela

Noruega, EPCOT

El pan dulce de la escuela, o *skoleboller*, es un dulce típico noruego.
Como su nombre indica, los niños y niñas lo llevan al colegio para
comer y también se sirve típicamente en funciones escolares. Las
panaderías en Noruega venden *skoleboller* recién hechos.
La combinación de esponjosa masa especiada rellena de crema fría y
las escamas de coco por encima hace las delicias de noruegos
y visitantes de Walt Disney World.

Para 8 raciones

3 cucharadas de
mantequilla
salada, derretida

500 ml de agua
tibia (a unos 40 °C)

640 g de harina

4 cucharadas de azúcar

½ cucharadita
de canela molida

4 cucharadas
de levadura seca

128 g de azúcar glas

3 cucharadas de nata

1 cucharadita
de extracto de vainilla

1 sobre (aprox. 96 g) de
preparado para natillas
o pudin de vainilla

1. Engrasar un bol grande. Reservar.

2. En el bol de una batidora amasadora, añadir la mantequilla, el agua, la harina, el azúcar, la canela y la levadura. Con el gancho amasador, amasar durante 5 minutos. Colocar la masa en el bol engrasado. Cubrir con papel film y dejar que la masa fermente en un lugar cálido durante 30 minutos.

3. Calentar el horno a 190 °C. Cubrir una fuente de horno sin engrasar con papel para hornear y reservar.

4. Pasar la masa a una superficie ligeramente enharinada y cortar en ocho trozos iguales. Formar una bola con cada trozo remetiendo los bordes por abajo para que la parte de arriba quede tirante.

(continúa) ➤

350 ml de leche entera

93 g de coco rallado azucarado

Colocar en la fuente de horno preparada con espacio de separación similar y dejar fermentar 5 minutos más.

5. Hornear la masa hasta que se dore, unos 12 minutos. Dejar enfriar en la fuente, unos 10 minutos.

6. En un bol pequeño no muy profundo, mezclar el azúcar glas con la nata. Reservar. En un bol mediano aparte, batir el extracto de vainilla, el preparado para natillas y la leche. Refrigerar la mezcla 5 minutos. A continuación, rellenar una manga pastelera con una boquilla de cualquier tamaño. Verter el coco en otro bol y reservar.

7. Para montar. Cortar un agujero de unos 2,5 cm en la parte superior de cada bollo. Sacar la miga del interior o presionar hacia dentro. Darle la vuelta y mojar la parte de arriba del bollo en la mezcla de nata. Pasar inmediatamente por el coco. Rellenar el agujero con la mezcla de la manga pastelera terminando con un pequeño remolino. ◆

Cuernos de trol

Noruega, EPCOT

✦

El pabellón de Noruega abrió sus puertas en 1988 y es el país más reciente en unirse al World Showcase. El entonces príncipe Harald V de Noruega dirigió la ceremonia de inauguración e incluso se retransmitió la ceremonia en Noruega. Los troles son una parte esencial de la mitología del país, de ahí el cuerno de trol. Este cuerno está hecho de hojaldre, que proporciona un equilibrio perfecto a la crema dulce del interior.

Para 6 raciones

PARA LOS CUERNOS

1-2 paquetes (aprox. 490 g) de masa de hojaldre, congelada o fresca

1 cucharada de aceite

1 huevo grande

1 cucharada de agua a temperatura ambiente

1. Sacar el hojaldre y dejar que repose a temperatura ambiente al menos 40 minutos antes de usarlo (leer las instrucciones del paquete). Calentar el horno a 200 °C. Cubrir una fuente de horno sin engrasar con papel para hornear y reservar.

2. Formar seis conos enrollando un trozo de 20 x 28 cm aproximadamente de papel para hornear. Fijarlo bien con celo. Envolver los conos por fuera con papel de aluminio con cuidado de no arrugarlo. Pintar el papel de aluminio con aceite.

3. Estirar las láminas de hojaldre. Con un cortador de pizza o un cuchillo, cortar tiras de aproximadamente 1 cm de ancho. En un bol pequeño, batir el agua y el huevo. Sumergir brevemente cada tira en la mezcla de huevo y agua.

(continúa) ➤

4. Empezando por la parte de abajo del cono, enrollar las tiras de masa alrededor del cono y hacia arriba, apretadas y superponiendo cada capa un poco. Repetir la operación con el resto de los conos.

5. Colocar los conos enrollados con la masa en la fuente de horno. Hornear hasta que se doren, unos 15 minutos. Sacar del horno y dejar que se enfríen del todo en la bandeja, aproximadamente 30 minutos. Sacar los conos de papel de la masa con cuidado de que mantengan la forma. ❖

PARA LA CREMA DE NARANJA

125 ml de nata

56 g de queso crema, ablandado

2 cucharadas de azúcar glas

1 cucharada de mermelada de naranja

100 g de azúcar

2 cucharadas de mantequilla salada, derretida

1. En el bol de una batidora amasadora, añadir la nata, el queso cremoso y el azúcar glas. Con la varilla batidora, batir a velocidad alta para montar a punto de nieve hasta que se formen unos picos. Añadir la mermelada de naranja y remover hasta mezclar bien. Rellenar con la crema una manga pastelera grande con boquilla con forma de estrella.

2. Colocar el azúcar en un plato. Cuando los conos se hayan enfriado, pintar con la mantequilla derretida y pasarlos por el azúcar. Llenar los conos desde la punta con la manga pastelera. Repetir la operación con el resto de los conos. Servir. ❖

A TU GUSTO

Una variante fácil para esta receta: usa mermelada de un sabor diferente. Puedes probar con una clásica mermelada de fresa o incluso de uva. Con este pequeño cambio obtendrás un sabor diferente y muy rico.

Palomitas de caramelo

Alemania, EPCOT

❦

Aunque hay un montón de sabores de palomitas por todo Walt Disney World Resort, esta receta destaca entre las favoritas de los fans. En Karamell-Küche del pabellón de Alemania puedes ver a los confiteros preparando las palomitas de caramelo al momento. ¿Quién puede resistirse a este delicioso aroma y a la promesa de su deliciosa textura crujiente?

Para 6 raciones

115 g de mantequilla con sal, fría

220 g de azúcar moreno claro

85 g de jarabe de maíz claro

½ cucharadita de sal

¼ cucharadita de bicarbonato de sodio

½ cucharadita de extracto de vainilla

80 g de palomitas hechas

1. Calentar el horno a 120 °C. Cubrir una fuente de horno grande sin engrasar con papel para hornear y reservar.

2. En una cacerola mediana a fuego medio, añadir la mantequilla, el azúcar moreno, el jarabe de maíz y la sal, y mezclar. Llevar a ebullición. Cuando rompa a hervir, cocinar durante 4 minutos sin remover. Apartar del fuego. Añadir rápidamente el bicarbonato sódico y la vainilla.

3. Servir la mitad de las palomitas en una bolsa de papel de comida. Verter la mitad de la salsa de caramelo sobre las palomitas. Añadir el resto de las palomitas y el resto de salsa. Enrollar el borde de la bolsa y, sujetándola con manoplas para horno, agitar la bolsa con

(continúa) ➤

energía durante 30 segundos para cubrir todas las palomitas con la salsa.

4. Verter las palomitas cubiertas de caramelo en la fuente de horno. Aplanar las palomitas para que formen una única capa. Hornear durante 1 hora, removiendo cada 15 minutos.

5. Sacar del horno y remover una vez más. Dejar que se enfríen del todo, aproximadamente 30 minutos. Guardar en un recipiente hermético a temperatura ambiente hasta 3 días. ◆

Palitos de piña con chocolate y caramelo

Alemania, EPCOT

Estos palitos de piña se venden en la tienda Karamell-Küche en el pabellón de Alemania en EPCOT. De hecho, la empresa Werther's se encarga de Karamell-Küche y es la única tienda independiente de Werther's en el mundo. La próxima vez que te comas uno de esos deliciosos caramelos duros que hayas comprado en el supermercado, podrás soñar con Karamell-Küche, donde sirven un montón de delicias recubiertas del mismo caramelo. ¡Qué rico!

Para 8 raciones

1 piña grande, pelada, sin el centro y cortada en 8 «palitos»

170 g de pepitas de chocolate semidulces

300 g de caramelos Werther's Original Soft Caramels, sin envoltorio

1 cucharada de leche entera

1. Engrasar una bandeja grande y reservar.

2. Colocar las tiras de piña sobre varias capas de papel de cocina. Colocar una capa de papel de cocina o un paño encima, y presionar ligeramente para eliminar la humedad. Dejar reposar y seguir con el resto de los pasos.

3. En un bol mediano apto para microondas, añadir las pepitas de chocolate. Poner 30 segundos en el microondas a potencia alta, remover y volver a ponerlo 15 segundos más. Seguir poniendo en el microondas en intervalos de 15 segundos y removiendo entre cada intervalo hasta que el chocolate se haya derretido. Sumergir cada palito de piña en el chocolate (usar una cuchara para ayudar a

(continúa) ➤

cubrir si es necesario) y después colocar los palitos cubiertos de chocolate en el plato engrasado. Reservar en el frigorífico durante 30 minutos.

4. En un bol mediano apto para microondas, añadir los caramelos y la leche. Poner 30 segundos en el microondas a potencia alta, remover y volver a ponerlo 15 segundos más. Seguir poniendo en el microondas en intervalos de 15 segundos, removiendo entre cada intervalo, hasta que el caramelo se haya derretido. Sacar los palitos del frigorífico y verter ligeramente el caramelo por encima. Refrigerar otros 30 minutos antes de servir. ◈

Barritas de pecanas y caramelo

Alemania, EPCOT

❦

Cuando se pensó en el pabellón de Alemania en EPCOT por primera vez a finales de 1970, el país estaba dividido en dos zonas: este y oeste. Los *Imagineers* querían que el pabellón se centrara en su patrimonio compartido, no en las divisiones. El pabellón original también debía tener una atracción que llevara a los visitantes en un crucero por el río Rin. La atracción nunca se creó pero ahora puedes disfrutar del crucero Adventures by Disney en el Rin verdadero. Creada con los caramelos alemanes Werther's, esta receta está deliciosa tal cual, pero si lo prefieres puedes cambiar las pecanas por nueces, almendras o M&M's.

Para 12 barritas

227 g de mantequilla salada, ablandada

100 g de azúcar

¼ cucharadita de sal

256 g de harina

1 bolsa (unos 130 g) de caramelos Werther's Original Soft Caramels, sin envoltorio

1 lata (unos 400 g) de leche condensada

55 g de pecanas troceadas

½ cucharadita de extracto de vainilla

1. Calentar el horno a 175 °C. Cubrir una fuente de horno de 23 x 33 cm aproximadamente sin engrasar con papel para hornear y reservar.

2. En el bol de una batidora amasadora, añadir la mantequilla, el azúcar y la sal. Con el batidor plano, mezclar bien hasta formar una crema. Añadir la harina poco a poco y mezclar hasta que esté bien incorporada. Presionar dos tercios de la masa en la fuente de horno y reservar el resto.

3. En un bol mediano apto para microondas, añadir los caramelos y la leche.

(continúa) ➤

Meter en el microondas a potencia alta durante 90 segundos. Remover y meter durante 60 segundos más hasta que los caramelos se hayan derretido. Incorporar las pecanas y la vainilla.

4. Verter la salsa de caramelo sobre la masa en la fuente. Repartir trozos aplanados de la masa restante de aproximadamente 2,5 cm de diámetro por arriba.

5. Hornear hasta que se doren y los bordes empiecen a burbujear, unos 25 minutos. Dejar que se enfríe del todo, aproximadamente 1 hora, antes de cortarlo en barritas. Cubrir y guardar en el frigorífico hasta 7 días. ◈

Tarta de queso bávara

Alemania, EPCOT

La tarta de queso bávara se sirve en el Biergarten Restaurant en el pabellón de Alemania de EPCOT. Este restaurante tiene sin duda un ambiente único: la pintura negra del techo simula el cielo nocturno y da la sensación de estar en un festival alemán al aire libre pero en interior, ¡y en Florida! Esta tarta de queso exquisita y cremosa se sirve en porciones enormes. Dale un toque único poniéndole rodajas de fresas o añadiendo un poco de salsa de chocolate por encima.

Para 6 raciones

PARA EL BIZCOCHO

150 g de azúcar

4 yemas de huevos grandes

1 cucharadita de extracto de vainilla

96 g de harina

1 cucharadita de levadura química

½ cucharadita de sal

4 claras de huevos grandes

1. Calentar el horno a 190 °C. Forrar dos moldes de repostería de unos 23 cm de diámetro sin engrasar con discos de papel para hornear cortados a la medida del fondo. Engrasar los laterales de los moldes y reservar.

2. En el bol de una batidora amasadora, añadir el azúcar, las yemas y la vainilla. Con el accesorio de batidor plano, batir a velocidad alta hasta que adquiera una consistencia espesa y de color pálido, unos 3 minutos. Añadir la harina gradualmente, unos 30 g cada vez, la levadura y la sal, y batir hasta conseguir una textura suave.

3. En el bol limpio de una batidora amasadora, añadir las claras de huevo. Con

(continúa) ➤

la varilla batidora, batir a velocidad alta para montar a punto de nieve hasta que se formen unos picos, unos 5 minutos. Incorporar las claras de huevo con movimientos envolventes delicados.

4. Dividir la masa en dos mitades iguales entre los dos moldes. Hornear hasta que al insertar un palillo en el medio salga limpio, unos 10 minutos. Apartar los moldes para dejar que las tartas se enfríen completamente, aproximadamente 1 hora.

5. Forrar un molde de repostería desmontable de unos 23 cm de diámetro sin engrasar con un disco de papel para hornear cortado a la medida del fondo. Reservar. ◈

PARA EL RELLENO DE QUESO CREMOSO

7 g de gelatina sin sabor

4 cucharadas de agua caliente

375 ml de nata

340 g de queso crema, ablandado

2 yemas de huevos grandes

100 g de azúcar

250 ml de crema agria

2 cucharadas de zumo de limón

1. En un bol pequeño, disolver la gelatina en agua. Reservar.

2. En el bol de una batidora amasadora, añadir la nata. Con la varilla batidora, batir a velocidad alta para montar a punto de nieve hasta que se formen unos picos, unos 3 minutos. Reservar.

3. En el bol limpio de una batidora amasadora aparte, añadir el queso cremoso, las yemas de huevo, el azúcar, la crema agria y el zumo de limón. Con la varilla batidora, batir a velocidad alta hasta que tenga una textura suave. Incorporar la nata montada suavemente con movimientos envolventes. Añadir la gelatina al bol y mezclar hasta que todos los ingredientes se hayan integrado. ◈

(continúa) ➤

PARA LOS *TOPPINGS*

2 cucharadas
de azúcar glas

Desmoldar las tartas pasando un cuchillo con mantequilla por los bordes y dándole la vuelta con cuidado a los moldes para soltarlas. Colocar un bizcocho bien ajustado en la parte de abajo del molde desmontable. Servir el relleno de queso crema sobre el bizcocho y repartir de manera uniforme. Colocar el otro bizcocho encima. Cubrir y meter en el frigorífico de 6 horas a toda la noche. Para sacar del molde desmontable, abrir el cierre y apartar el aro. Tamizar el azúcar glas por encima antes de servir. ◈

Kakigori de fresa

Japón, EPCOT

Al parecer, esta delicia existe desde el siglo XI. Por aquel entonces, no trituraban el hielo con ninguna máquina ostentosa, lo cortaban de un bloque enorme con una espada. ¡Eso sí que es una buena presentación! Actualmente, el kakigori se parece mucho a los granizados y tienen sabores similares como cereza, frambuesa o «azul hawaiano». No hay nada más refrescante que una bebida helada en un día caluroso de verano.

Para 6 raciones

450 g de fresas congeladas
200 g de azúcar
1 cucharada de zumo de limón
1,3 kg de hielo picado
230 g de leche condensada

1. En una cacerola mediana a fuego medio, añadir las fresas, el azúcar y el zumo de limón. Llevar a ebullición y hervir durante 3 minutos sin dejar de remover, hasta que burbujee. No triturar las fresas. Pasados 3 minutos, colar el zumo a un bol mediano. Desechar las partes sólidas. Cubrir y meter en el frigorífico al menos 3 horas.

2. Llenar 6 boles para servir con hielo picado. Verter el sirope de fresa sobre el hielo. Añadir 2 cucharadas de leche condensada por encima de cada bol. ◆

Kakigori de melón

Una de las mejores maneras de disfrutar de la experiencia del pabellón de Japón de EPCOT es degustar un kakigori (hielo picado) y escuchar al grupo de percusión Matsuriza con los tambores *taiko*. Estos enormes tambores están colocados bajo la pagoda central y ofrecen una potente y rítmica melodía. Puedes recrear la experiencia en casa mientras preparas esta receta si pones un vídeo de la actuación mientras remueves.

Para 6 raciones

½ melón grande, pelado, sin pepitas y cortado a trozos

200 g de azúcar

1 cucharada de zumo de limón

1,3 kg de hielo picado

230 g de leche condensada

1. En una cacerola mediana a fuego medio, añadir el melón, el azúcar y el zumo de limón. Llevar a ebullición y hervir durante 3 minutos sin dejar de remover. No triturar el melón. Pasados 3 minutos, colar el zumo a un bol mediano. Desechar las partes sólidas. Cubrir y meter en el frigorífico al menos 3 horas.

2. Llenar 6 boles para servir con hielo picado. Verter el sirope de melón sobre el hielo. Añadir 2 cucharadas de leche condensada por encima de cada bol. ◆

Helados de mango

México, EPCOT

Estos polos afrutados se pueden encontrar junto al patio del pabellón de México y son la opción perfecta para disfrutar mientras ves la actuación de Mariachi Cobre. El grupo se formó hace más de cincuenta años y deleita al público de Walt Disney World con clásicos tradicionales y con canciones de *Coco* de Pixar. Dale un toque de tradición a tu cocina con esta sencilla receta.

Para 8 raciones

145 g de yogur de vainilla

140 g de trozos de mango congelados

100 g de azúcar

1. En una batidora, incorporar todos los ingredientes y triturar hasta que quede una textura suave. Si se prefiere, dejar algunos trozos pequeños enteros.

2. Verter la mezcla con cuidado en moldes de helado. Colocar un palito de helado de madera en cada molde. Meter en el congelador toda la noche. ◈

A TU GUSTO

Si te gustan los helados con más sustancia, añade más trozos de mango al molde cuando lo llenes y antes de congelarlo. Incluso puedes experimentar y añadirles coco rallado para una mezcla deliciosa de sabores de fruta.

Helados de coco

México, EPCOT

Estos helados de coco son perfectos para un día caluroso.
De los parques Disney de Florida, EPCOT es en el que hace más calor
porque tiene más cemento y menos árboles para dar sombra.
El camino hasta el World Showcase son casi dos kilómetros,
así que no te olvides de aprovechar el tiempo en el itinerario para
tomar algo refrescante. Estos polos están disponibles en La Cantina
de San Ángel o a veces en los puestos móviles que puedes
encontrar en el pabellón de México.

Para 8 raciones

1 lata (aprox. 380 g)
de leche de coco

125 ml de leche entera

125 ml de nata

100 g de azúcar

1. En un bol grande apto para microondas, añadir todos los ingredientes. Meter en el microondas a potencia alta durante 30 segundos. Remover. Meter en el microondas 30 segundos más. Remover.

2. Verter la mezcla con cuidado en moldes de helado. Colocar un palito de helado de madera en cada molde. Meter en el congelador toda la noche. ◆

Gelato de coco

Italia, EPCOT

El *gelato* de coco es un helado italiano cremoso que se suele servir en porciones pequeñas y a veces con una cucharita. Es el postre perfecto para degustar mientras paseas por el pabellón italiano en EPCOT. Con esta receta, Italia estará más cerca de tu casa. Prepara una gran cantidad y podrás disfrutarla a lo largo de la semana o compartirla con tus seres queridos mientras revisas las fotos del pabellón italiano.

Para 6 raciones

280 g de coco rallado sin azucarar

480 ml de leche entera

2 cucharaditas de extracto de vainilla

200 g de azúcar

¼ cucharadita de sal

5 yemas de huevos grandes, batidas

1 lata (aprox. 380 g) de leche de coco

250 ml de nata

1. Preparar el horno para gratinar a temperatura alta. Cubrir una fuente de horno sin engrasar con papel para hornear y reservar.

2. Colocar el coco rallado en una única capa sobre la fuente de horno forrada. Poner a gratinar durante 12 minutos, comprobando y removiendo cada 5 minutos hasta que el coco esté dorado y tostado. Pasar el coco tostado a un bol mediano.

3. En una cacerola mediana a fuego medio, añadir la leche entera, la vainilla, el azúcar, la sal y 230 g del coco tostado. Cuando la mezcla empiece a burbujear, apartar del fuego.

4. Batir la mezcla hasta que tenga una textura suave con una batidora de mano o

(continúa) ➤

con una batidora normal. Pasar por un colador, desechar las partes sólidas y volver a ponerla en la cacerola a fuego medio.

5. En un bol mediano, añadir las yemas de huevo batidas. Con un cazo, verter poco a poco la mezcla de leche en el bol sin dejar de batir. Continuar hasta haber añadido la mitad de la leche.

6. Con cuidado y despacio, verter la mezcla de yemas en la mezcla de leche restante en la cacerola, seguir batiendo. Batir durante unos 5 minutos mientras se espesa la crema y después apartar del fuego.

7. Pasar la mezcla por un colador otra vez para eliminar cualquier resto sólido de huevo. Añadir la leche de coco y la nata. Cubrir y refrigerar durante 1 hora.

8. Una vez frío, verter en una heladera. Seguir las instrucciones del fabricante y dejar durante 15 minutos. Añadir la mitad del coco tostado restante y dejar durante 5 minutos más.

9. Pasar a un recipiente de plástico grande o a un molde para pan forrado con papel para hornear. Espolvorear el coco tostado restante por encima. Cubrir y congelar hasta que esté sólido, unas 4 horas. ◈

A TU GUSTO

¿No te gustan las escamas de coco? Al final de la receta, sáltate el paso de añadir el coco tostado a la mezcla. Y si solo quieres un poquito, sírvelo por encima de tu porción.

Gelato de stracciatella

Italia, EPCOT

La palabra italiana *stracciatella* se utiliza para describir tres alimentos italianos: un queso hecho con leche de búfala italiana, una sopa a base de huevo y queso, y un helado con trocitos de chocolate. El helado se llama *stracciatella* por la sopa, porque al crearlo se dieron cuenta de que los trozos de chocolate se parecían a los trozos de huevo. La heladería de EPCOT solo sirve el helado, así que no te preocupes, es imposible pedir la sopa o el queso por error.

Para 6 raciones

480 ml de leche entera

250 ml de nata

134 g de azúcar

1 cucharada de jarabe de maíz claro

1 cucharada de extracto de vainilla

¼ cucharadita de sal

3 yemas de huevos grandes, batidas

85 g de pepitas de chocolate negro muy picadas, separadas

1. En una cacerola mediana a fuego medio, añadir la leche, la nata, el azúcar, el jarabe de maíz, la vainilla y la sal. Cuando la mezcla empiece a burbujear, apartar del fuego.

2. En un bol mediano, añadir las yemas de huevo batidas. Con un cazo, verter poco a poco la mezcla de leche en el bol sin dejar de batir. Continuar hasta haber añadido la mitad de la leche.

3. Volver a poner el cazo a fuego medio. Con cuidado y despacio, verter la mezcla de yemas en la mezcla de leche restante en la cacerola, seguir batiendo. Batir unos 5 minutos mientras se espesa la crema y después apartar del fuego.

(continúa) ➤

4. Pasar la mezcla por un colador para eliminar cualquier resto sólido de huevo. Cubrir y refrigerar durante 1 hora.

5. Una vez frío, verter en una heladera. Seguir las instrucciones del fabricante y dejar durante 15 minutos. Añadir la mitad de las pepitas de chocolate negro y dejar durante 5 minutos más.

6. Pasar el *gelato* a un recipiente de plástico grande o a un molde para pan forrado con papel para hornear. Espolvorear las pepitas de chocolate restantes por encima. Cubrir y congelar hasta que esté sólido, unas 4 horas. ◆

Baklava

Marruecos, EPCOT

❦

Aunque se sirve *baklava* en el pabellón de Marruecos en EPCOT, sus orígenes se remontan a Turquía. De hecho, el *baklava*, ancestro del streusel, migró a Hungría desde Turquía en el siglo xvi. El pabellón de Marruecos es famoso por su autenticidad, ya que fue el único pabellón de EPCOT con el que el gobierno del país ayudó en su diseño. Esta masa crujiente, pegajosa y con frutos secos te transportará de vuelta al pabellón de Marruecos.

Para 15 raciones

96 g de azúcar glas

170 g de nueces peladas enteras

½ cucharada de canela molida

15 hojas de masa filo, frescas o congeladas, listas para usar

113 g de mantequilla salada, derretida

200 g de azúcar

125 ml de agua a temperatura ambiente

85 g de miel de color claro

1. Calentar el horno a 190 °C.

2. En un procesador de alimentos, mezclar el azúcar glas, las nueces y la canela. Triturar hasta que tenga una consistencia similar a la gravilla. Reservar.

3. Colocar una hoja de masa filo en una superficie limpia. Pintar toda la superficie de la masa con mantequilla. Colocar una segunda hoja de masa encima de la primera. Pintar toda la superficie con un tercio de la mantequilla aproximadamente. Colocar una tercera hoja de masa encima de la segunda. Pintar toda la superficie con el resto de la mantequilla.

4. Espolvorear una quinta parte del relleno de nueces sobre la masa. Enrollar firmemente las capas de masa y colocar en

(continúa) ➤

una bandeja para horno sin engrasar de 23 x 33 cm aproximadamente. Repetir el proceso de las capas y del enrollado con el resto de las hojas y el relleno hasta obtener 5 rollos. Espolvorear la mantequilla restante sobre los rollos.

5. Hornear los rollos hasta que se doren por encima, unos 25 minutos.

6. En una cacerola pequeña a fuego medio, mezclar el azúcar y el agua. Llevar a ebullición. Hervir durante 3 minutos removiendo con frecuencia. Apartar del fuego e incorporar la miel.

7. Verter la mezcla de miel sobre los rollos de masa todavía calientes. Dejar reposar a temperatura ambiente al menos 1 hora.

8. Sacar los rollos de la fuente de uno en uno y cortarlos en tres trozos en diagonal. Los baklava aguantarán hasta 3 días si se guardan en el frigorífico bien cubiertos. ◈

CAPÍTULO 6

Disney's Hollywood Studios

¡Luces! ¡Cámara! ¡Acción! En Disney's Hollywood Studios, tú eres la estrella. La actuación «Citizens of Hollywood» te recibe incluso antes de que cruces la puerta, pero los mejores bocados para picar o comer algo rápido se encuentran al fondo del parque, en Star Wars: Galaxy's Edge y Toy Story Land. En Milk Stand podrás probar burbujas rellenas de un líquido misterioso mientras cruzas el puerto espacial de Batuu o los batidos verde y azul de los Jedi para ver qué sabor te gusta más. Después de derrotar a la Primera Orden, podrás encogerte al tamaño de un juguete en Toy Story Land. Woody's Lunch Box ofrece comida deliciosa como pastelillos para tostar con rellenos de sabores de temporada. Pero no esperes hasta tus próximas vacaciones para pasar a la acción. Gracias a las recetas de este capítulo, tu cocina será la protagonista siempre que quieras. Prepara las palomitas perfectas para una noche de cine o los pretzels de Mickey Mouse para impresionar a tus amigos. ◆

Manzanas de caramelo de cine

Sunset Boulevard, Disney's Hollywood Studios

Las manzanas de caramelo las inventó el confitero William W. Kolb en 1908. Desde entonces, al comer una manzana de caramelo es inevitable sentir nostalgia y eso es lo que nos transmite Disney's Hollywood Studios. Viaja a la época dorada de Hollywood con esta sencilla receta y tu película favorita.

Para 10 raciones

10 manzanas Granny Smith grandes

400 g de azúcar

340 g de jarabe de maíz claro

375 ml de agua a temperatura ambiente

3 gotas de colorante alimentario rojo en gel

1. Colocar una hoja grande de papel para hornear en una superficie plana. Engrasar y reservar.

2. Con cuidado, clavar un palo de helado en profundidad en la parte del tallo de cada manzana. Reservar.

3. En una cacerola mediana a fuego medio, añadir el azúcar, el jarabe de maíz y el agua. Remover hasta que la temperatura alcance los 150 °C, unos 5 minutos. Apartar del fuego e incorporar el colorante alimentario rojo.

4. Mojar cada manzana en la mezcla de caramelo y cubrirlas por completo. Después ponerlas sobre el papel para hornear. Dejar reposar 10 minutos para que se endurezcan antes de servir. ◆

Palomitas perfectas

Sunset Boulevard, Disney's Hollywood Studios

Cada año en Walt Disney World Resort se sirven casi 150 toneladas o 5,3 millones de bolsas de palomitas. De hecho, las palomitas fueron uno de los *snacks* que se sirvieron en la inauguración de Disneyland Resort en 1955. El mismo Walt Disney hizo un anuncio de televisión comiéndose un paquete de deliciosas palomitas de Main Street. Son el aperitivo perfecto para Sunset Boulevard en Disney's Hollywood Studios porque todo el mundo sabe que no hay nada mejor para picar que unas palomitas mientras ves una película.

Para 6 raciones

1 cucharada
de aceite de coco

96 g de granos de maíz

4 g de Flavacol

1. En una olla grande a fuego medio, derretir el aceite de coco. Añadir los granos de maíz y 2 g de Flavacol. Remover y tapar la olla.

2. Cuando los granos de maíz empiecen a explotar, unos 4 minutos, sujetar la tapa con unos guantes de horno para que no se abra y remover la olla constantemente. Cuando la intensidad de las explosiones empiece a disminuir, apartar del fuego.

3. Verter las palomitas en un bol grande y espolvorear el Flavacol restante. ◈

Galletas de tarta de zanahoria

Hollywood Boulevard, Disney's Hollywood Studios

Las galletas de tarta de zanahoria se llevan sirviendo en Disney's Hollywood Studios desde hace mucho tiempo pero hace poco se han reinventado y ahora se sirve una versión más grande y con menos cobertura. Cuando las prepares en casa, ¡tú decides la cantidad de cobertura!

Para 6 galletas

PARA LAS GALLETAS

113 g de mantequilla salada, ablandada

110 g de azúcar moreno claro

100 g de azúcar

1 huevo grande

1 cucharadita de extracto de vainilla

160 g de harina

½ cucharadita de levadura química

½ cucharadita de bicarbonato de sodio

1 cucharadita de canela molida

½ cucharadita de sal

47 g de coco rallado sin azucarar

1. Calentar el horno a 175 °C. Cubrir dos fuentes de horno sin engrasar con papel para hornear y reservar.

2. En el bol de una batidora amasadora, añadir la mantequilla, el azúcar moreno y el azúcar granulado. Con el batidor plano, mezclar bien hasta formar una crema. Añadir el huevo y la vainilla. Batir hasta que quede bien mezclado. Añadir la harina gradualmente, unos 30 g cada vez, sin dejar de mezclar. Añadir la levadura química, el bicarbonato sódico, la canela y la sal. Batir hasta que quede bien mezclado.

3. En un procesador de alimentos o batidora, añadir los copos de avena, el coco y las nueces. Triturar hasta que tenga una consistencia de migas gruesas. Añadir la mezcla a la batidora amasadora. Mezclar y reservar.

(continúa) ➤

40 g de copos de avena

55 g de nueces troceadas

2 zanahorias grandes, peladas y ralladas

4. Añadir las zanahorias ralladas a la masa y mezclar bien.

5. Con una cuchara para galletas, formar 12 bolas de masa y ponerlas en las fuentes de horno preparadas con una separación de unos 2,5 cm. Hornear hasta que los bordes se empiecen a dorar, unos 12 minutos. Sacar del horno y dejar que se enfríen del todo, aproximadamente 30 minutos. ◆

PARA LA COBERTURA DE QUESO CREMOSO

113 g de mantequilla salada, ablandada

440 g de azúcar glas

225 g de queso crema, ablandado

2 cucharadas de nata

1. En un bol mediano, batir los ingredientes de la cobertura.

2. Extender la cobertura de queso crema o servir con una manga pastelera en la mitad de las galletas. Colocar el resto de las galletas encima para formar un sándwich. Guardar en un recipiente hermético hasta 3 días en el frigorífico. ◆

Cupcakes de galletas del Paseo de la Fama

Hollywood Boulevard, Disney's Hollywood Studios

Los cupcakes de galletas Butterfinger se vendían en Starring Rolls Café en Disney's Hollywood Studios, pero el establecimiento cerró en 2017. Cuando los cupcakes reaparecieron en The Trolley Car Café, eran más pequeños que la versión del Starring Rolls. Parece ser que tuvieron que modificarlos porque estaban demasiado cargados por arriba y era fácil que se volcaran. Pero no te preocupes, estos cupcakes siguen el diseño original en todo su esplendor para quienes les gusta vivir al límite.

Para 6 cupcakes

PARA LOS CUPCAKES

Masa de los cupcakes Mickey de *cookies and cream* (ver receta en el capítulo 3)

140 g de dulce de azúcar

1. Calentar el horno a 175 °C. Colocar cápsulas de papel para magdalenas en una bandeja de horno para magdalenas de tamaño grande. Dividir la masa de los cupcakes de manera uniforme entre los moldes y llenar cada hueco de magdalena a tres cuartos de su capacidad. Hornear hasta que al insertar un palillo en el medio salga limpio, unos 22 minutos. Sacar los cupcakes de la bandeja y dejar enfriar por completo en una rejilla, unas 2 horas.

2. Cuando los cupcakes se hayan enfriado del todo, hacer un agujero de unos 2,5 cm de diámetro y 2,5 cm de pro-

(continúa) ➤

fundidad con un cuchillo afilado en el centro de cada uno. Reservar la parte del cupcake que se ha extraído.

3. Verter 1 cucharada de dulce de azúcar en cada agujero. Darle la vuelta al trozo de cupcake que se ha extraído y colocar sobre el dulce de azúcar en cada uno. ◆

PARA LA COBERTURA DE CREMA DE MANTEQUILLA

113 g de mantequilla salada, ablandada

360 g de azúcar glas

1 cucharada de nata

1 cucharadita de extracto de vainilla

1. En el bol de una batidora amasadora, añadir la mantequilla, el azúcar glas, la nata y la vainilla. Con el batidor plano, mezclar bien hasta formar una crema. Llenar con la mezcla una manga pastelera grande con boquilla con forma redonda.

2. Empezando justo encima del papel del cupcake, hacer círculos con la cobertura de crema de mantequilla alrededor del cupcake hacia arriba hasta cubrir por completo. Repetir con cada cupcake. Refrigerar durante 30 minutos. ◆

(continúa) ➤

PARA LOS *TOPPINGS*

340 g de pepitas de chocolate con leche

20 chocolatinas Butterfinger Minis, machacadas

1. En un bol mediano apto para microondas, añadir las pepitas de chocolate. Poner 30 segundos en el microondas a potencia alta, remover y volver a ponerlo 15 segundos más. Seguir poniendo en el microondas en intervalos de 15 segundos, removiendo entre cada intervalo, hasta que el chocolate se haya derretido.

2. Servir el chocolate sobre la cobertura de crema de mantequilla en cada cupcake y alisar la superficie para que quede todo cubierto. Con el chocolate todavía líquido, espolvorear los trozos de la chocolatina y presionar ligeramente. Dejar que el chocolate se solidifique, unos 30 minutos. Guardar en un recipiente hermético a temperatura ambiente hasta 3 días. ◆

Pretzels *Increíbles*
con relleno de queso cremoso

An Incredible Celebration, Disney's Hollywood Studios

An Incredible Celebration solía albergar la entrada a Toy Story Mania!, pero tras la apertura de Toy Story Land, la entrada se trasladó al otro lado del edificio para poder incorporar mejor la atracción. Ahora esta zona es el lugar perfecto para tomarse un descanso y disfrutar de un pretzel con relleno de queso cremoso. Estos modestos bocados son más difíciles de encontrar en Disney que sus homólogos con cara de Mickey, pero ahora puedes disfrutarlos cuando quieras en casa.

Para 4 raciones

500 ml de agua tibia (a unos 40 °C)

1 paquete (7 g) de levadura seca

640 g de harina

1 cucharada de sal

1 litro (aprox.) de agua a temperatura ambiente

225 g de queso crema, ablandado

128 g de azúcar glas

58 g de bicarbonato sódico

1 huevo grande, batido

1 cracker Graham, picado finamente

1. En el bol de una batidora amasadora, verter el agua tibia y espolvorear la levadura. Dejar reposar 10 minutos.

2. Añadir la harina y la sal a la mezcla de levadura. Con el gancho amasador, amasar durante 5 minutos. La masa debería tener una textura suave y elástica.

3. Sacar la masa y engrasar el bol. Volver a colocar la masa en el bol. Cubrir con papel film y dejar que la masa fermente en un lugar cálido durante 45 minutos.

4. Calentar el horno a 230 °C. Cubrir una fuente de horno grande sin engrasar con papel para hornear y reservar.

(continúa) ➤

5. En una olla grande a fuego alto, verter el agua a temperatura ambiente y hervir.

6. En el bol de una batidora amasadora, añadir la nata, el queso crema y el azúcar glas. Con el batidor plano, mezclar a velocidad media hasta que los ingredientes estén bien mezclados. Llenar una manga pastelera grande con la mezcla. Cortar un agujero pequeño en la punta de la manga. Reservar.

7. Pasar la masa a una superficie limpia. Cortar en cuatro trozos iguales. Trabajando con un trozo cada vez, estirar la masa para formar una tira cilíndrica de unos 60-65 cm. Usar un rodillo de cocina para aplanar la masa con una anchura de unos 5 cm. Con la manga pastelera, colocar la mezcla de queso en el centro de la masa con un grosor como un lápiz. Con los dedos, unir los dos extremos de la masa y presionar ligeramente para que quede bien cerrado y el queso no se salga.

8. Formar una U con la masa. Cruzar los extremos y girar. Apuntar con los extremos hacia abajo y presionar sobre la parte inferior de la U. Repetir la operación con el resto de la masa.

9. Añadir el bicarbonato sódico a la olla de agua hirviendo. Trabajando con los pretzels de uno en uno, utilizar una espumadera para meter el pretzel en el agua con bicarbonato y pochar durante 30 segundos. Sacar y colocar en la fuente de horno. Repetir la operación con el resto de los pretzels.

10. Pintar cada pretzel con el huevo batido y espolvorear las migas de cracker Graham. Hornear hasta que los pretzels se doren, unos 12 minutos. ◆

(continúa) ➤

¿SABÍAS QUE...?

La famosa empresa Philadelphia Cream Cheese no es de Filadelfia. El queso se inventó en el norte del estado de Nueva York pero le pusieron ese nombre porque Filadelfia tenía una gran reputación como zona lechera.

Pretzels de Mickey Mouse

An Incredible Celebration, Disney's Hollywood Studios

Estos pretzels se venden en Disney's Hollywood Studios con la icónica forma de la cara de Mickey, pero puedes dar rienda suelta a tu creatividad en tu cocina y preparar otras formas inspiradas en Disney. Además, cortar la masa en lugar de retorcerla como con los pretzels tradicionales da más juego para crear formas divertidas. Los más pequeños pueden utilizar cortadores de galletas o cuchillos de plástico para marcar la forma que quieren y luego los adultos pueden hacer el corte. Y pásatelo bien con los toppings, prueba canela y azúcar o una mezcla de semillas y especias.

Para 4 raciones

375 ml de agua tibia (a unos 40 °C)

1 paquete (7 g) de levadura seca

2 cucharadas de azúcar moreno claro

1 cucharadita de sal

512 g de harina

1 litro (aprox.) más 1 cucharada de agua a temperatura ambiente, separados

58 g de bicarbonato sódico

1 huevo grande

4 cucharaditas de sal kosher o sal gruesa

1. En el bol de una batidora amasadora, verter el agua tibia y espolvorear la levadura. Dejar reposar 10 minutos.

2. Añadir el azúcar moreno y 1 cucharadita de sal. Con el accesorio de batidor plano, batir a velocidad baja para mezclar bien. Incorporar la harina. Cambiar la varilla por el gancho amasador y amasar durante 5 minutos. La masa debería tener una textura suave y elástica.

3. Sacar la masa, engrasar el bol y volver a colocar la masa. Cubrir con un paño y dejar que fermente en un lugar cálido durante 30 minutos.

4. Calentar el horno a 230 °C. Cubrir una

(continúa) ➤

fuente de horno grande sin engrasar con papel para hornear y reservar.

5. En una olla grande a fuego alto, verter el agua a temperatura ambiente y hervir.

6. Pasar la masa a una superficie ligeramente enharinada. Cortar la masa en ocho trozos iguales. Trabajando un trozo cada vez, estirar la masa y darle forma de corazón. Con un cuchillo afilado, marcar la silueta de Mickey sobre la masa y después cortarla.

7. Añadir el bicarbonato sódico a la olla de agua hirviendo. Trabajando con los pretzels de uno en uno, utilizar una espátula grande y plana para meter el pretzel en el agua con bicarbonato y pochar durante 15 segundos. Sacar y colocar en la fuente de horno.

8. En un bol pequeño, mezclar el huevo y la cucharada de agua restante. Pintar los Mickey con la mezcla y espolvorear la sal por encima de los pretzels.

9. Hornear hasta que se doren, unos 10 minutos. Servir recién hechos. ◈

¿SABÍAS QUE...?

Los pretzels de Mickey Mouse más famosos son los que se venden en Main Street, U.S.A. en Magic Kingdom, pero puedes encontrar este *snack* en todos los parques Disney de California y Florida. ¡Vivan los carbohidratos!

Pastelillo para tostar relleno de chocolate y avellanas de Woody

Toy Story Land, Disney's Hollywood Studios

Toy Story Land es una experiencia única. Cada visitante se «encoge al tamaño de un juguete» en el patio de Andy. Hay huellas gigantes en el suelo, las vallas están hechas con palitos de helado usados (incluso se puede ver de qué sabor eran los helados) y hay juguetes por todas partes. Y lo mejor de todo es que puedes disfrutar de la experiencia con un dulce delicioso e incluso puede que te encuentres con algunos de tus juguetes favoritos.

Para 6 raciones

1-2 paquetes (aprox. 490 g) de masa de hojaldre, congelada o fresca

222 g de crema de chocolate y avellanas

1 huevo grande

1 cucharada de agua a temperatura ambiente

128 g de azúcar glas

2 cucharadas de nata

2 cucharadas de beicon cocinado, en trozos

1. Sacar el hojaldre y dejar que repose a temperatura ambiente al menos 40 minutos antes de usarlo o comprobar las instrucciones del paquete. Calentar el horno a 200 °C. Cubrir una fuente de horno grande sin engrasar con papel para hornear y reservar.

2. Cortar una lámina de hojaldre en 6 trozos rectangulares. Colocar 2 cucharadas de crema de chocolate y avellanas en el centro de cada trozo, dejando los extremos sin cubrir.

3. En un bol pequeño, batir el agua con el huevo con un tenedor y pintar los bordes de cada trozo de

(continúa) ➤

hojaldre con la mezcla. Reservar el resto de mezcla de agua y huevo.

4. Cortar otra lámina de hojaldre en seis trozos rectangulares. Con los dedos, presionar ligeramente en el centro de la lámina para dejar hueco para la crema de chocolate y avellanas. Colocar un rectángulo sin crema sobre un rectángulo con crema de chocolate y avellanas, y presionar ligeramente los bordes con los dedos. Para terminar, presionar los bordes con un tenedor para cerrarlos.

5. Pintar cada pastelillo con el resto de mezcla de huevo y agua, y colocarlos en la fuente de horno. Hornear hasta que se doren, unos 18 minutos. Dejar que se enfríen del todo en la bandeja, aproximadamente 1 hora.

6. En un bol pequeño, batir el azúcar glas con la nata. Untar 1 cucharada sobre cada pastelillo. Espolvorear el beicon por encima. Comer recién hechos. ◈

Pastelillo para tostar relleno de limón y arándanos de Buzz Lightyear

Toy Story Land, Disney's Hollywood Studios

En Toy Story Land lo importante son los detalles. El precio de la etiqueta en la caja de Rex es de 19,95 $, como en 1995, el año en que se estrenó la película de *Toy Story* original. En la caja de Wheezy no pone «Wheezy», porque ese es el nombre que le puso Andy a su «pingüino gritón». Estos pastelillos para tostar rellenos de limón y arándanos se crearon con la idea de que fueran el *snack* perfecto para comer mientras se exploran todos los detalles de Toy Story Land. Ahora también los puedes preparar en casa para incluirlos en la bolsa del almuerzo.

Para 6 raciones

1-2 paquetes (aprox. 490 g) de masa de hojaldre, congelada o fresca

200 g de relleno de tarta de limón

148 g de arándanos

1 huevo grande

1 cucharada de agua a temperatura ambiente

128 g de azúcar glas

1 cucharada de nata

1 cucharada de zumo de limón

1. Sacar el hojaldre y dejar que repose a temperatura ambiente al menos 40 minutos antes de usarlo, o seguir las instrucciones del paquete. Calentar el horno a 200 °C. Cubrir una fuente de horno sin engrasar con papel para hornear y reservar.

2. Cortar una lámina de hojaldre en 6 trozos rectangulares. Colocar 2 cucharadas de relleno de limón en el centro de cada trozo, dejando los extremos sin cubrir. Colocar 6 arándanos sobre la crema de limón de cada pastelillo.

(continúa) ➤

3. En un bol pequeño, batir el agua con el huevo con un tenedor. Pintar los bordes sin crema de la masa. Reservar el resto de mezcla de agua y huevo.

4. Cortar otra lámina de hojaldre en 6 trozos rectangulares. Con los dedos, presionar ligeramente en el centro de la lámina para dejar hueco para la crema de limón y los arándanos. Colocar un rectángulo sin crema sobre un rectángulo con crema de limón y arándanos, y presionar ligeramente los bordes con los dedos. Para terminar, presionar los bordes con un tenedor para cerrarlos.

5. Pintar cada pastelillo con el resto de mezcla de huevo y agua. Colocar los pastelillos en la fuente de horno. Hornear hasta que se doren, unos 18 minutos. Dejar que se enfríen del todo en la bandeja, aproximadamente 1 hora.

6. En un bol pequeño, batir el azúcar glas con la nata y el zumo de limón. Untar 1 cucharada sobre cada pastelillo. Comer recién hechos. ◆

Batido verde de los Jedi

Star Wars: Galaxy's Edge, Disney's Hollywood Studios

El batido verde aparece por primera vez en las películas de Star Wars en *Los últimos Jedi*, cuando Luke Skywalker ordeña literalmente la leche verde de una vaca espacial. Un consejo divertido: prueba a mezclar los batidos verde y azul. El sabor del batido verde es muy diferente al del azul, con más toques florales, y se dice que la combinación afrutada y floral es mucho más sabrosa que cualquiera de los dos por separado.

Para 2 raciones

250 ml de zumo de naranja sin pulpa

250 ml de zumo de fruta de la pasión

120 g de leche de coco de lata

125 ml de leche de arroz

85 g de jarabe de maíz claro

3 gotas de colorante alimentario verde lima en gel

En una batidora, incorporar todos los ingredientes y triturar hasta que estén bien mezclados. Verter en una heladera. Seguir las instrucciones del fabricante y dejar durante unos 8 minutos o hasta que la mezcla quede como un granizado. Beber recién hecho. ◈

Batido azul de los Jedi

Star Wars: Galaxy's Edge, Disney's Hollywood Studios

Los diseñadores de Galaxy's Edge se encontraron con el reto de crear un sabor con el aspecto icónico del batido azul de las películas de Star Wars. En lugar de inventar algo predecible como simplemente un batido con sabor, tomaron el camino opuesto y se inventaron un sabor que nadie se esperaba. Esta bebida granizada con sabor a frutas es uno de los productos míticos del parque desde entonces.

Para 2 raciones

250 ml de zumo de piña

125 ml de leche de arroz

120 g de leche de coco de lata

125 ml de zumo de fruta de la pasión

1 cucharada de zumo de lima

1 cucharada de sirope de sandía

2 gotas de colorante alimentario azul en gel

En una batidora, incorporar todos los ingredientes y triturar hasta que queden bien mezclados. Verter en una heladera. Seguir las instrucciones del fabricante y dejar durante unos 8 minutos o hasta que la mezcla quede como un granizado. Beber recién hecho. ◈

¿SABÍAS QUE...?

Mark Hamill (el actor que interpreta a Luke Skywalker) dijo que el batido azul que usaron en el set de *La guerra de las galaxias* era leche pasteurizada y le daban arcadas. ¡Esta versión está mucho más rica!

Mezcla de palomitas intergalácticas

Star Wars: Galaxy's Edge, Disney's Hollywood Studios

En Kat Saka's Kettle, puedes pedirte un droide ratón lleno de una mezcla de palomitas intergalácticas. A diferencia del resto de palomitas disponibles en los parques Disney, estas mezclan dos sabores para crear una combinación increíble. Los fans dicen que se parecen mucho a los cereales Fruity Pebbles, de sabor afrutado. Lo mejor de todo es que el droide ratón, además de ser un cubo de palomitas, es un recuerdo perfecto para llevarte a casa después de las vacaciones. Cuando prepares esta mezcla en casa, ¡puedes volver a llenar el droide!

Para 6 raciones

PARA LAS PALOMITAS PICANTES

115 g de mantequilla con sal, fría

2 cajas (140 g) de caramelos de canela picantes Hot Tamales

100 g de azúcar

170 g de jarabe de maíz claro

1 cucharadita de sal

½ cucharadita de bicarbonato de sodio

96 g de palomitas hechas, sin sabor

1. Calentar el horno a 100 °C. Cubrir cuatro fuentes de horno sin engrasar con papel para hornear y reservar.

2. En una cacerola mediana a fuego medio, añadir la mantequilla, los caramelos de canela picantes, el azúcar, el jarabe de maíz y la sal. Remover y mezclar bien. Seguir removiendo hasta que la temperatura alcance los 140 °C. Apartar del fuego e incorporar el bicarbonato sódico.

3. Servir la mitad de las palomitas en una bolsa de papel de comida. Verter la mitad de la salsa picante encima. Añadir el resto de las palomitas y el resto de la salsa. Doblar el borde de la bolsa y, con guantes para horno, agitar vigorosamente durante 30 segundos.

(continúa) ➤

4. Verter las palomitas en dos de las fuentes de horno preparadas. Hornear durante 45 minutos, removiendo cada 15 minutos. Sacar del horno y dejar enfriar en la fuente, unos 30 minutos. ◈

PARA LAS PALOMITAS DULCES

115 g de mantequilla con sal, fría

114 g de jarabe de maíz claro

1 caja (85 g) de gelatina de sabor a uva

100 g de azúcar

½ cucharadita de bicarbonato de sodio

128 g de palomitas hechas, sin sabor

1. En un bol mediano apto para microondas, añadir la mantequilla, el jarabe de maíz, la mezcla de gelatina y el azúcar. No remover. Meter en el microondas a potencia alta durante 2 minutos. Remover. Meter en el microondas otros 3 minutos. Remover mientas se añade el bicarbonato sódico.

2. Servir la mitad de las palomitas en una bolsa de papel de comida. Verter la mitad de la salsa dulce. Añadir el resto de las palomitas y el resto de salsa. Doblar el borde de la bolsa y meter en el microondas. Cocinar durante 1 minuto. Sacar la bolsa y agitar durante 30 segundos. Meter en el microondas otro minuto. Sacar la bolsa y agitar durante 30 segundos más. Poner en el microondas 20 segundos más.

3. Verter las palomitas en las dos fuentes de horno restantes y dejar que se enfríen, unos 30 minutos.

4. Cuando las dos tandas de palomitas se hayan enfriado, mezclar en un bol grande. Guardar en un recipiente hermético a temperatura ambiente hasta 3 días. ◈

Wraps del Lado Oscuro

Star Wars: Galaxy's Edge, Disney's Hollywood Studios

Cuando entras en Ronto Roasters en Galaxy's Edge, lo primero que ves es un motor gigante de vaina de carreras donde se cocina la carne. Bueno, no es de verdad, ¡pero lo parece! Estos wraps están hechos siguiendo la receta original pero también puedes recrear la versión de desayuno y la vegana que sirven en Star Wars: Galaxy's Edge. Para el wrap de desayuno, llena el pan con huevos revueltos, salchichas de cerdo y queso. Para hacer la versión vegana, usa salchichas veganas y acompáñalas de *kimchi* y pepinos.

Para 6 raciones

PARA LA SALSA DE PIMIENTA

1 pepino mediano, pelado y rallado

1 cucharadita de sal

500 g de yogur griego bajo en grasas

El zumo de ½ limón grande

4 dientes de ajo medianos, pelados y picados

1 cucharadita de eneldo seco

1 cucharadita de menta fresca, picada

2 cucharaditas de pimienta negra en grano, machacada

1. En un bol mediano, añadir el pepino y espolvorear con la sal. Dejar reposar 10 minutos y después pasar a un paño o papel de cocina, y escurrir todo el líquido.

2. En un bol grande aparte, añadir el yogur, el zumo de limón, el ajo, el eneldo, la menta y la pimienta. Batir y mezclar bien. Añadir el pepino y mezclar bien. Cubrir y meter en el frigorífico hasta que llegue el momento de usarse. ◈

(continúa) ➤

CONSEJO DE COCINA

Esta receta puede resultar un poco laboriosa, pero si lo que quieres es preparar una comida rápida, puedes tomar algunos atajos para preparar estos wraps más rápido: usa una mezcla preparada de ensalada de col y salsa tzatziki de bote, compra salchichas precocinadas, ya que se calientan más rápido, y no uses cerdo.

PARA LA ENSALADA DE COL

42 g de col lombarda
en tiras finas

22 g de zanahoria
en rodajas

42 g de repollo
en tiras finas

42 g de cebolla roja
en rodajas

3 cucharadas de vinagre
de sidra de manzana

1 cucharadita
de mostaza de Dijon

1 cucharada
de aceite de oliva

1 cucharadita
de albahaca seca

2 cucharaditas de azúcar

¼ cucharadita de sal

1 g de pimienta negra molida

En un bol mediano, mezclar la col lombarda, la zanahoria, el repollo y la cebolla. En un bol pequeño aparte, mezclar los ingredientes restantes. Verter sobre los vegetales y remover. Cubrir y meter en el frigorífico hasta el momento de usarse. ◆

(continúa) ➤

PARA LOS WRAPS

6 chuletas (70 g)
de cerdo cortadas finas

¼ cucharadita de sal

1 g de pimienta
negra molida

6 salchichas de cerdo
(aprox. 15 cm de largo)

6 panes de pita

1. Calentar la sartén o la plancha grill a fuego medio. Salpimentar las chuletas y cocinar durante 4 minutos por cada lado.

2. Pasar las chuletas a una tabla de cortar. Cocinar las salchichas a fuego medio hasta que estén hechas del todo y el interior esté caliente, unos 8 minutos.

3. Pasar las salchichas a la tabla de cortar. Tostar el pan de pita a fuego medio, unos 2 minutos.

4. Colocar 1 chuleta, 1 salchicha y una sexta parte de la ensalada de col en el pan de pita. Finalizar con una sexta parte de la salsa de pimienta. Doblar como si fuera un taco. Repetir la operación con el resto de los ingredientes y servir inmediatamente. ◈

(continúa) ➤

Batido retro de mantequilla de cacahuete y mermelada

Echo Lake, Disney's Hollywood Studios

Este potente batido con aires de nostalgia se sirve en el local de ambiente cincuentero Prime Time Café. Es un restaurante famoso por las «reprimendas» del personal a los clientes: cada camarero actúa como si fuera tu abuela diciéndote cómo comportarte antes de comer, por ejemplo, recordándote que te laves las manos, que te pongas la servilleta sobre el regazo o que no apoyes los codos en la mesa. Pero no te preocupes, no tendrás que comerte primero las verduras para poder disfrutar en casa del batido de mantequilla de cacahuete y mermelada.

Para 2 raciones

450 g de helado de vainilla

63 ml de leche entera

64 g de mantequilla de cacahuete suave

3 cucharadas de mermelada de uva

En una batidora, incorporar todos los ingredientes y triturar hasta que quede una textura suave. ◈

A TU GUSTO

¿No tienes mermelada de uva? ¡Usa del sabor que quieras! Este batido está riquísimo con mermelada de fresa, frambuesa, albaricoque, ¡o de cualquier sabor! Prueba combinaciones nuevas para ver cuál te gusta más.

Plátano helado cubierto de chocolate

Echo Lake, Disney's Hollywood Studios

La mejor manera de disfrutar de un plátano helado en Disney es en Echo Lake, porque allí podrás pedirte tu plátano helado y llevártelo al espectáculo Indiana Jones Epic Stunt Spectacular, que tiene lugar varias veces al día. Al preparar esta receta en casa, puedes ponerle todo lo que te apetezca. ¿No te gustan los frutos secos? Prueba con coco rallado, M&M's machacados, chocolate blanco, caramelo o virutas de colores.

Para 6 raciones

3 plátanos grandes y poco maduros, pelados y cortados en dos mitades

170 g de pepitas de chocolate con leche

170 g de pepitas de chocolate negro

170 g de pepitas de chocolate semidulce

1 cucharada de aceite de coco

112 g de cacahuetes tostados y salados, en trocitos

1. Cubrir una fuente de horno sin engrasar con papel para hornear. Con cuidado, clavar un palo de helado en la parte plana del corte de cada plátano. Colocar los plátanos en la fuente de horno y congelar 1 hora.

2. En un bol grande apto para microondas, añadir todas las pepitas de chocolate y el aceite de coco. Poner 30 segundos en el microondas a potencia alta, remover y volver a ponerlo 15 segundos más. Seguir poniendo en el microondas en intervalos de 15 segundos, removiendo entre cada intervalo, hasta que el chocolate se haya derretido y tenga una textura suave.

3. Sacar la fuente de horno del congelador, mojar un plátano en el chocolate y cu-

(continúa) ➤

brirlo por completo. Espolvorear con los cacahuetes y volver a colocar en la fuente de horno. Repetir la operación con el resto de los plátanos.

4. Volver a meter la fuente en el congelador al menos 30 minutos antes de servir. ◈

CAPÍTULO 7

Disney's Animal Kingdom

Al principio, Disney's Animal Kingdom se consideraba un parque de medio día, pero ahora las cosas han cambiado y puedes pasar un día entero cargado de emociones en este híbrido entre parque de atracciones y zoológico. Empieza con los famosos gofres de Mickey en Tusker House en África antes de dirigirte a Kilimanjaro Safaris. Para relajarte al mediodía, no puede faltar una visita a Kali River Rapids en Asia acompañada de unas patatas fritas condimentadas de Mr. Kamal para reponer fuerzas. Y por supuesto no te olvides de hacer una parada en Pandora-The World of Avatar y tomarte un agua de Pandora para refrescarte. ¿Te ruge el estómago? ¡No te preocupes! En este capítulo encontrarás todas las recetas que necesitas para recrear la magia salvaje de Disney's Animal Kingdom en casa. Prepara los macarrones con queso gratinados con langosta para sorprender a tus invitados o disfruta de una sabrosa mousse de queso cremoso con arándanos con tu familia mientras ves (o vuelves a ver) *Avatar*. ◈

Gofres de Mickey

África, Disney's Animal Kingdom

Los gofres de Mickey son un clásico de la experiencia Disney no solo por su delicioso sabor, sino por la icónica forma de Mickey Mouse. En África de Disney's Animal Kingdom, a veces los sirven en el Tusker House Restaurant con las formas de Simba y Nala. Tanto si vas de safari como si quieres crear tu propia aventura en casa, son perfectos para reponer energía. Para prepararlos con la forma de Mickey auténtica, puedes pedir una gofrera de Mickey en ShopDisney.com

Para 10 raciones

2 huevos grandes, separados

125 ml de aceite

480 ml de leche entera

1 cucharadita de extracto de vainilla

256 g de harina

4 cucharaditas de levadura

¼ de cucharadita de sal

50 g de azúcar

57 g de mantequilla salada, derretida

1. Calentar la gofrera.

2. En el bol de una batidora amasadora, añadir las claras de huevo. Con la varilla batidora, batir a velocidad alta para montar a punto de nieve hasta que se formen unos picos, unos 5 minutos.

3. En un bol grande aparte, batir las yemas de huevo, el aceite, la leche y la vainilla. Añadir la harina, la levadura química, la sal y el azúcar, y mezclar hasta que quede homogéneo. Con una espátula, incorporar las claras de huevo con movimientos envolventes.

4. Calentar el horno a 80 °C y colocar una rejilla en una fuente de horno. Colocar la fuente en el horno.

(continúa) ➤

5. Con un pincel, pintar ligeramente la gofrera con la mantequilla derretida. Verter un cuarto de la mezcla y cocinar siguiendo las instrucciones del fabricante.

6. Cuando el gofre esté hecho, retirar de la gofrera y colocar en la rejilla en la fuente en el horno. Repetir la operación con el resto de la masa. ◈

¿SABÍAS QUE...?

Los gofres de Mickey son tan populares en todo el mundo que se han creado líneas enteras de *merchandising* entre las que se incluyen juguetes para perros, imanes, ambientadores, monederos, llaveros, velas y camisetas.

Patatas Hakuna Matata

África, Disney's Animal Kingdom

Esta delicia se sirve solo en la zona de África de Disney's Animal Kingdom. Aunque no es un plato africano, la forma está inspirada en el *zangbeto*, un «guardián de la noche» en ciertas partes de Benín, Togo y Nigeria. El vestido del *zangbeto* es muy elaborado y se parece a un montón de paja.

Para 6 raciones

135 g de minimalvaviscos

128 g de mantequilla de cacahuete suave

3 cucharadas de mantequilla salada fría

120 g de palitos finos de patatas fritas

1. Cubrir una fuente de horno sin engrasar con papel para hornear. Engrasar y reservar.

2. En un bol grande apto para microondas, añadir los malvaviscos, la mantequilla de cacahuete y la mantequilla salada. Meter en el microondas a potencia alta durante 30 segundos. Remover. Meter en el microondas durante 30 segundos más. Remover. Añadir los palitos de patata y remover hasta que todos los ingredientes se hayan integrado en la mezcla.

3. Verter porciones de unos 60 g en la fuente de horno. Cubrir.

4. Colocar la fuente en el frigorífico y enfriar 30 minutos antes de servir. ◈

(continúa) ➤

CONSEJO DE COCINA

Si no tienes microondas o prefieres no usarlo para esta receta, puedes hacer el paso 2 en un hornillo. Solo tienes que mezclar los malvaviscos, la mantequilla de cacahuete y la mantequilla en una cacerola grande a fuego medio hasta que todos los ingredientes se hayan derretido. Después añade los palitos de patata y enfría como se indica en la receta.

Agua de Pandora

Pandora-The World of Avatar, Disney's Animal Kingdom

El agua de Pandora es una deliciosa bebida sin alcohol que te va a encantar. Las capas heladas de sabores son refrescantes para un día caluroso mientras que las esferificaciones le dan una textura divertida con cada trago. Si quieres saber más sobre las extrañas plantas y animales que ves y escuchas en Pandora, busca a un guía de Alpha Centauri Expeditions (ACE). Te contará un montón de información sobre el planeta alienígena, como cuántas plantas tienen un sistema nervioso como los animales, cuáles poseen semillas que explotan al tocarlas o dónde se puede ver bioluminiscencia por la noche.

Para 2 raciones

500 ml de limanada (limonada de lima)

125 ml de concentrado de zumo de manzana

250 ml de zumo de sandía y fresa

2 gotas de colorante alimentario en gel de color rosa

1 gota de colorante alimentario en gel de color morado

250 ml de sorbete de lima

62,5 ml de refresco de lima limón

90 g de esferificaciones de fruta de la pasión

1. Mezclar la limanada, el concentrado de zumo de manzana y el zumo de sandía y fresa. Verter en una heladera durante 8 minutos o hasta que tenga consistencia de granizado. Añadir los colorantes rosa y morado.

2. Mientras tanto, usar una batidora para mezclar el sorbete de lima y el refresco de lima limón.

3. Dividir la mitad de la mezcla de limanada rosa en el fondo de dos vasos grandes. Añadir la mitad de la mezcla verde y formar otra capa con la mezcla rosa restante. Decorar encima con las esferificaciones de fruta de la pasión. ◆

(continúa) ➤

CONSEJO DE COCINA

Las esferificaciones son difíciles de hacer pero fáciles de comprar. Pregunta por ellas en tu supermercado asiático local o en tu tienda de té con burbujas. A veces también están disponibles en vasitos de frutas en los supermercados habituales. Si no las encuentras, no pasa nada. La bebida está riquísima con o sin esferificaciones.

Nubes de Pandora al vapor rellenas de hamburguesa con queso

Pandora-The World of Avatar, Disney's Animal Kingdom

Posiblemente la parte más increíble del paisaje de Pandora sean las montañas flotantes que se mantienen suspendidas en el Valley of Mo'ara. Estas maravillas de 47 metros parecen flotar en el aire de verdad pero en realidad están sujetas por vigas de acero. Y por supuesto una atracción tan increíble viene acompañada de bocados deliciosos. Estas nubes de Pandora al vapor rellenas de hamburguesa con queso parecen de otro mundo. Prepáralas para una cena familiar o sírvelas a tus invitados en tu próxima fiesta.

Para 6 raciones

PARA LOS BOLLOS

256 g de harina

½ cucharadita de levadura seca

250 ml de agua caliente (a 40 °C)

1. En el bol de una batidora amasadora, añadir la harina y la levadura. Con el gancho amasador, batir a velocidad media para mezclar bien. Añadir el agua caliente poco a poco sin dejar de mezclar. Trabajar la masa durante 5 minutos.

2. Engrasar un bol grande. Transferir la masa al bol engrasado. Cubrir con papel film y dejar que la masa fermente en un lugar cálido hasta que doble su tamaño, aproximadamente 1 hora. ◆

(continúa) ➤

PARA EL RELLENO DE HAMBURGUESA CON QUESO

1 cucharada de aceite

½ cebolla amarilla mediana, pelada y troceada

1 cucharadita de ajo picado

450 g de ternera picada

1 cucharadita de sal

1 cucharadita de pimienta negra molida

1 cucharada de mostaza

1 cucharada de kétchup

230 g de queso cheddar rallado

1. En una sartén grande a fuego medio, calentar el aceite durante 30 segundos y después añadir la cebolla y el ajo. Cocinar durante 2 minutos. Añadir la ternera picada y salpimentar. Cocinar hasta que la ternera cambie de color, unos 6 minutos. Apartar del fuego y escurrir.

2. Incorporar la mostaza y el kétchup a la ternera y reservar.

3. Colocar un círculo de papel para hornear en una cesta de vapor. Llenar una olla grande con 5 cm de agua y colocar la cesta de vapor encima. A fuego alto, verter el agua y hervir.

4. Pasar la masa fermentada a una superficie enharinada. Estirar la masa suavemente hasta conseguir una longitud de unos 30 cm. Cortar un trozo de masa aproximadamente del tamaño de una pelota de golf y aplanar con un rodillo de cocina. Poner la masa en la palma de la mano y colocar 2 cucharadas de relleno de carne en el centro. Espolvorear 1 cucharada de queso sobre la carne. Con la otra mano, doblar con cuidado y cerrar el dumpling presionando los bordes y formando pequeñas ondas. Colocar en la cesta de vapor. Repetir con el resto de masa y relleno hasta llenar la cesta, tapar y cocinar al vapor durante 15 minutos. Bajar el fuego y dejar reposar la cesta sin destapar unos 5 minutos más.

5. Sacar los dumplings y meterlos en el horno para mantenerlos calientes. Repetir el proceso de cocción al vapor con el resto de los dumplings. ◆

Mousse de queso cremoso con arándanos de los Na'vi

Pandora-The World of Avatar, Disney's Animal Kingdom

Este postre de mousse de queso cremoso con arándanos te transporta a Pandora, el hermoso planeta alienígena de *Avatar*. La mezcla única de texturas dificulta la identificación de los ingredientes, pero sin duda podrás impresionar a tus amigos cuando te presentes en la próxima cena con este postre.

Para 6 raciones

PARA LA MOUSSE DE ARÁNDANOS

148 g de arándanos frescos o congelados

100 g de azúcar

1 cucharadita de sal

250 ml de crema agria

225 g de queso crema, ablandado

250 ml de nata

6 galletas de azúcar (de unos 9 cm de diámetro)

1. Engrasar una bandeja de magdalenas extragrande. Forrar con discos de papel film y reservar.

2. En una cacerola grande a fuego medio, añadir los arándanos, el azúcar y la sal. Cocinar 10 minutos.

3. En un procesador de alimentos, añadir la mezcla de arándanos y dejar que se enfríe, unos 15 minutos. Añadir la crema agria y el queso cremoso. Triturar hasta que esté bien mezclado. Reservar.

4. En el bol de una batidora amasadora, añadir la nata. Con la varilla batidora, batir a velocidad alta para montar a punto de nieve hasta que se formen unos picos. Incorporar la mezcla de arándanos a la nata con movimientos envolventes.

(continúa) ➤

5. Llenar cada hueco de magdalena con la mousse de arándanos. Dar golpecitos con la bandeja sobre la encimera para que la mousse se asiente bien en el molde. Colocar una galleta encima de cada hueco. Congelar hasta que solidifique, al menos 6 horas o toda la noche. ◆

PARA LA CUAJADA DE FRUTA DE LA PASIÓN

7 yemas de huevos grandes

125 ml de zumo de fruta de la pasión

200 g de azúcar

¼ cucharadita de sal

230 g de mantequilla con sal, fría y cortada en cubos

1. En una cacerola mediana a fuego medio, añadir las yemas de huevo, el zumo de fruta de la pasión, el azúcar y la sal. Cuando empiece a burbujear, bajar el calor y cocer a fuego lento. Batir hasta que la mezcla se espese, unos 8 minutos.

2. Apartar del calor, añadir la mantequilla, 1 cubo cada vez, y batir hasta que se haya derretido e incorporado por completo. Verter la cuajada con un colador a un bol mediano. Cubrir y refrigerar hasta que tenga una consistencia firme, al menos 6 horas o toda la noche. ◆

PARA EL GLASEADO

2 cucharadas más 125 ml de agua a temperatura ambiente, separados

1 cucharada de gelatina sin sabor

150 g de azúcar

100 g de leche condensada

170 g de pepitas de chocolate blanco

1. En un bol pequeño, mezclar 2 cucharadas de agua con la gelatina. Reservar.

2. En un bol mediano apto para microondas, añadir el azúcar, el resto del agua y la leche condensada. Meter en el microondas a potencia alta durante 1 minuto y remover. Añadir la mezcla de gelatina y batir para mezclarlo bien.

(continúa) ➤

2 gotas de colorante alimentario azul intenso en gel

3. En un bol mediano aparte apto para microondas, añadir las pepitas de chocolate. Poner 30 segundos en el microondas a potencia alta, remover y volver a ponerlo 15 segundos más. Seguir poniendo en el microondas en intervalos de 15 segundos, removiendo entre cada intervalo, hasta que el chocolate se haya derretido. Verter el chocolate en la mezcla de gelatina y batir hasta que estén bien mezclados. Añadir el colorante alimentario. Dejar que se enfríe a 30 °C. ◈

PARA LOS *TOPPINGS*

Bote de nata montada

Colocar una rejilla encima de una fuente de horno. Sacar la mousse de arándanos del molde y colocar bocarriba (con la parte de la galleta abajo) sobre la rejilla. Verter el glaseado sobre cada mousse. Cuando el glaseado deje de gotear, pasar la mousse a los platos de servir. Servir unos 80 g de la cuajada de fruta de la pasión sobre cada porción y coronar con un remolino de nata montada. ◈

¿SABÍAS QUE...?

El *Imagineer* Joe Rohde, que creó la tierra de Pandora-The World of Avatar para el parque, dijo que cada tierra de Disney cuenta una historia, sin importar el tema. Así que ya sea en un viaje a la época colonial de Estados Unidos, a la era dorada de Hollywood, o al entorno alienígena de Pandora, disfruta de la experiencia y déjate llevar.

Rollitos lumpia de otro mundo

Pandora-The World of Avatar, Disney's Animal Kingdom

❧❧

Aunque estos rollitos se sirven en el planeta extraterrestre de Pandora, en realidad el origen de los lumpia en el planeta Tierra es Filipinas. Hay versiones dulces y saladas, frescas y fritas. Puedes rellenar estos deliciosos rollitos casi con cualquier cosa. Acompaña estos bocados dulces con un agua de Pandora (véase la receta en este capítulo) y te sentirás parte del equipo de Alpha Centauri Expeditions.

Para 10 rollitos

700 ml aproximadamente de aceite para freír

1 huevo grande

1 cucharadita de agua a temperatura ambiente

10 láminas de pasta fina de huevo

225 g de queso crema, ablandado

1 lata (aprox. 550 g) de aros de piña en su jugo, escurrida

100 g de azúcar

1. En una olla mediana de fondo grueso, añadir el aceite a fuego medio-alto. Debería tener una profundidad de unos 5 cm. Calentar el aceite a 175 °C. Colocar papel de cocina sobre un plato grande y reservar.

2. En un bol pequeño, batir el agua con el huevo con un tenedor. Colocar una lámina de pasta de huevo sobre la superficie de trabajo y pintar con la mezcla de huevo en dos lados adyacentes de la lámina. Extender una fina capa de queso cremoso sobre la superficie no pintada con la mezcla de huevo. Colocar 4 trozos de piña en fila en el centro de la lámina. Espolvorear 1 cucharadita de azúcar sobre la piña. Enrollar como un burrito dejando los bordes pintados con huevo

(continúa) ➤

para el final. Repetir con el resto de las láminas para formar
10 rollitos.

3. Freír 3 rollitos con cuidado en el aceite caliente hasta que tengan un color dorado, unos 4 minutos, dándoles la vuelta con frecuencia. Colocar en un plato con papel de cocina. Repetir la operación con el resto de los rollitos.

4. Espolvorear el resto del azúcar sobre los rollitos. ◆

(continúa) ➤

Patatas fritas condimentadas de Mr. Kamal

Asia, Disney's Animal Kingdom

Las patatas fritas condimentadas de Mr. Kamal son un tentempié delicioso que encontrarás en Animal Kingdom para mantener a raya el hambre de la tarde. El alto contenido en carbohidratos dará a adultos y pequeños la energía que necesitan para recorrer Asia o para pasarlo bien en algún lugar más cerca de casa.

Para 5 raciones

1 litro (aprox.) de aceite para freír

5 patatas russet grandes, peladas y cortadas en tiras para patatas fritas

1 g aproximadamente de pimentón dulce

70 g de sal

3 cucharadas de ajo en polvo

1 cucharadita de cayena molida

1 cucharadita de cebolla en polvo

½ cucharadita de pimienta negra molida

½ cucharadita de comino molido

1 g aproximadamente de sal de apio

136 g de kétchup

1. Calentar el horno a 90 °C. Cubrir una fuente de horno sin engrasar con papel para hornear y reservar.

2. En una olla mediana a fuego medio-alto, añadir el aceite hasta que alcance una profundidad de unos 7-8 cm. Calentar el aceite a 190 °C. Colocar papel de cocina sobre una bandeja o un plato grande.

3. Por tandas, sumergir las patatas con cuidado en el aceite caliente. Freír hasta que tengan un ligero color dorado, unos 5 minutos. Colocar en un plato con papel de cocina y dejar que se escurran durante 3 minutos.

4. Pasar las patatas a la fuente de horno preparada y meter en el horno para mantenerlas calientes mientras se fríen el resto de las patatas.

(continúa) ➤

2 cucharadas
de sriracha

3 cucharadas
de miel de color claro

60 g de tzatziki

5. En un bol grande, añadir el pimentón dulce, la sal, el ajo en polvo, la cayena, la cebolla en polvo, la pimienta, el comino y la sal de apio. Mezclar bien. Cubrir las patatas con el aderezo.

6. En un bol pequeño aparte, mezclar el kétchup, la sriracha y la miel.

7. Servir las patatas con el tzatziki por encima y salpicar con la salsa de kétchup. ◆

A TU GUSTO

La mezcla de kétchup con sriracha puede resultar demasiado picante, así que, si no te gusta, puedes sustituirla por la combinación que prefieras. Cambia la sriracha por salsa barbacoa y mézclala con el kétchup y la miel para una combinación más dulce.

Limonada granizada

Discovery Island, Disney's Animal Kingdom

Los parques Disney han servido tres versiones diferentes de la limonada granizada a lo largo de los años: la original de limón, de fresa y de naranja. Si quieres probar las otras dos versiones en casa, sigue las instrucciones de congelado que encontrarás más abajo, pero añade limonada de fresa preparada anteriormente o zumo de naranja a la heladera en lugar de limonada.

Para 4 raciones

350 g de azúcar

2 litros (aprox.) de agua a temperatura ambiente

375 ml de zumo de limón

5 gotas de colorante alimentario amarillo en gel

1. En un bol mediano apto para microondas, mezclar el azúcar y 250 mililitros de agua. Poner en el microondas durante 1 minuto, remover, volver a meter durante 1 minuto más y remover para hacer almíbar. Cubrir y refrigerar hasta que se enfríe, unas 2 horas.

2. En un bol grande o una jarra, mezclar el almíbar, el zumo de limón y el agua restante más el colorante alimentario amarillo.

3. Verter la limonada en una heladera. Seguir las instrucciones del fabricante y dejar durante 15 minutos o hasta que tenga consistencia de granizado.

4. Verter la limonada en vasos de plástico altos de tamaño mediano. Congelar durante 5 horas o hasta que solidifique. ◈

(continúa) ➤

CONSEJO DE COCINA

La limonada granizada de Disney es de la marca Minute Maid.
Si quieres recrear el sabor auténtico lo más exacto posible,
compra una botella de limonada Minute Maid en tu tienda
habitual y sigue las instrucciones de congelación.

Sándwiches de helado de Mickey

Discovery Island, Disney's Animal Kingdom

En Discovery Island encontrarás el árbol de la vida, *Tree of Life*, el centro de Animal Kingdom. Está hecho con la estructura de una plataforma petrolífera y fue diseñado para aguantar huracanes, que son relativamente frecuentes en Florida. El tentempié perfecto después de un huracán, o simplemente después de un largo día de trabajo, son estos sándwiches hechos con galletas de chocolate y cremoso helado de vainilla. ¡El sueño de cualquier paladar goloso!

Para 6 raciones

75 g de mantequilla salada, ablandada

1 cucharada de manteca

200 g de azúcar

2 huevos grandes

1 cucharadita de extracto de vainilla

192 g de harina

62 g de cacao en polvo

½ cucharadita de sal

1,5 g de levadura química

1 kg de helado de vainilla

1. Calentar el horno a 175 °C. Cubrir una fuente de horno grande sin engrasar con papel para hornear y reservar.

2. En el bol de una batidora amasadora, añadir la manteca, la mantequilla, el azúcar, los huevos y la vainilla. Con el batidor plano, mezclar bien hasta formar una crema. Añadir la harina, el cacao en polvo, la sal y la levadura. Mezclar hasta que todos los ingredientes se hayan integrado.

3. Con dos cucharas para galletas de diferentes tamaños, formar la silueta de Mickey colocando un círculo de masa más grande en la fuente de horno preparada y luego añadiendo dos «orejas» encima con la cuchara más pequeña.

(continúa) ➤

También se puede usar un cortador de galletas con la forma de Mickey. Engrasar un lado de la espátula y aplanar la masa ligeramente. Usar los dedos para alisar la masa entre las «orejas» y la «cabeza» para que conecten bien. Pinchar la masa varias veces para que no se hinche.

4. Hornear los Mickey durante 20 minutos o hasta que la parte de abajo se empiece a endurecer. A continuación, dejar enfriar completamente sobre la bandeja, unos 30 minutos.

5. Dejar que el helado se derrita un poco fuera del congelador, unos 5 minutos. Servir helado en una galleta y poner otra galleta encima. Repetir la operación con el resto del helado y las galletas. Congelar los sándwiches de helado hasta que estén firmes, aproximadamente 2 horas, o servir inmediatamente. ◈

Polos de Mickey

Discovery Island, Disney's Animal Kingdom

Estos helados están riquísimos y son muy refrescantes. El suave chocolate y el helado de vainilla son una combinación clásica. ¿A quién no le gustan los helados con palito? Son facilísimos de comer. Prepara una tanda de estas delicias para tu próxima fiesta al aire libre y deleitarás a tus invitados. Mientras que el helado original se puede encontrar en Discovery Island, prácticamente cualquier rincón de Disney sirve una versión del helado de Mickey.

Para 6 raciones

1 kg de helado de vainilla

340 g de pepitas de chocolate semidulces

1 cucharada de aceite de coco

1. Meter el helado en el microondas durante 1 minuto a potencia alta.

2. Cubrir una fuente de horno sin engrasar con papel para hornear. Sacar el helado ablandado, colocar sobre la fuente de horno y extender hasta alcanzar un grosor de aproximadamente 1 cm.

3. Colocar la fuente de horno en el congelador y dejar que solidifique, unas 4 horas.

4. Usar un cortador de galletas de Mickey para crear las formas con el helado. Si no se dispone de un cortador de galletas con forma de Mickey, se puede hacer la forma a mano con un cuchillo o con un vaso para crear el círculo. Separar las siluetas e

(continúa) ➤

insertar un palito de helado en la parte de abajo de cada una. Colocar la fuente de nuevo en el congelador durante 2 horas.

5. En un bol mediano apto para microondas, añadir las pepitas de chocolate y el aceite de coco. Poner 30 segundos en el microondas a potencia alta, remover y volver a ponerlo 15 segundos más. Seguir poniendo en el microondas en intervalos de 15 segundos, removiendo entre cada intervalo, hasta que el chocolate se haya derretido y tenga una textura suave y satinada. Dejar que se enfríe a temperatura ambiente 10 minutos.

6. Colocar papel para hornear sobre una bandeja o un plato grande y reservar.

7. Coger cada helado con cuidado por el palito y acercarlo al bol de chocolate. Con una cuchara, echar chocolate por encima para cubrir el helado por completo. Colocar sobre el plato preparado. Repetir la operación con el resto de los helados de Mickey y después colocar el plato en el congelador 30 minutos antes de servir. ◆

Patatas fritas con cerdo desmigado y queso

Discovery Island, Disney's Animal Kingdom

❧

Los parques Disney son famosos por las grandes multitudes
que atraen, pero algunos rincones siguen siendo relativamente
tranquilos. Los caminos que rodean el árbol de la vida son un buen
ejemplo. ¡Incluso es posible que veas algún animal! Este enclave
tan especial está situado a pocos pasos de la zona de mesas
de Flame Tree Barbecue, donde venden estas patatas.
La combinación de queso para nachos y salsa barbacoa
te transportará una y otra vez a este lugar.

Para 5 raciones

700 ml aproximadamente
de aceite para freír

5 patatas russet grandes,
peladas y cortadas en tiras
para patatas fritas

250 ml de salsa
de queso para nachos

Cerdo desmigado
(ver receta de macarrones
con queso gratinados con
cerdo desmigado
en este capítulo)

70 g de salsa barbacoa

1. Calentar el horno a 90 °C. Cubrir una
fuente de horno sin engrasar con papel
para hornear y reservar.

2. En una olla mediana de fondo grueso,
añadir el aceite a fuego medio-alto.
Debería alcanzar una profundidad
de unos 7-8 cm. Calentar el aceite a
190 °C. Colocar papel de cocina sobre
un plato grande y reservar.

3. Por tandas, sumergir las patatas con cuidado en el aceite caliente. Freír hasta que
tengan un ligero color dorado, unos 5
minutos. Colocar en un plato con papel
de cocina y dejar que se escurran durante 3 minutos.

(continúa) ➤

4. Pasar las patatas a la fuente de horno preparada y meter en el horno para mantenerlas calientes mientras se fríe el resto.

5. Colocar un puñado de patatas fritas sobre un plato grande. Echar la salsa de queso para nachos sobre las patatas fritas y colocar el cerdo desmigado encima. Echar un poco de salsa barbacoa. Seguir creando capas hasta que no queden más ingredientes. ◆

Macarrones con queso gratinados con cerdo desmigado

Discovery Island, Disney's Animal Kingdom

ᴥᴥᴥ

Los personajes de Animal Kingdom trabajan en un entorno único. Por ejemplo, las puertas de los baños del parque se abren solo hacia afuera para que los visitantes puedan esconderse dentro si se escapa algún animal. De hecho, es bastante habitual que se escapen animales, aunque suelen ser pájaros que se niegan a volver con sus cuidadores. Esperemos que las puertas de tu cocina también se abran solo hacia afuera, porque el aroma de esta receta seguro que vuelve loco a alguien.

Para 6 raciones

PARA EL CERDO DESMIGADO

2 cucharadas de aceite

1 cucharada de azúcar moreno claro

2 cucharadas de pimentón dulce

2 cucharaditas de ajo en polvo

2 cucharaditas de cebolla en polvo

1 cucharadita de sal

1 cucharadita de pimienta negra molida

½ cucharadita de comino molido

1. Calentar el aceite en una olla a presión eléctrica en la función de saltear durante 2 minutos.

2. En un bol mediano, mezclar el azúcar moreno, el pimentón, el ajo en polvo, la cebolla en polvo, la sal, la pimienta y el comino. Añadir el cerdo y cubrir con las especias. Pasar el cerdo a la olla a presión en una única capa. Dejar que la carne se dore unos 5 minutos y después darle la vuelta. Dorar durante otros 5 minutos.

3. Sacar el cerdo de la olla a presión eléctrica y reservar. Desglasar la olla con unos 60 ml del caldo de ternera, despegando los restos de carne que han quedado pegados.

(continúa) ➤

1,3 kg de cerdo asado deshuesado, cortado en trozos de unos 5 cm

275 ml de caldo de ternera

80 ml de vinagre de sidra de manzana

550 ml de salsa barbacoa

4. En un bol grande, mezclar el vinagre, la mitad de la salsa barbacoa y el resto del caldo de ternera. Añadir el cerdo a la olla a presión de nuevo y verter la mezcla del caldo. Cubrir y programar para cocinar a presión o de manera manual. Cocinar durante 40 minutos. Dejar que la olla a presión saque todo el vapor siguiendo las instrucciones del fabricante y abrir la olla cuando sea seguro.

5. Sacar el cerdo y colocar en un plato grande. Con la ayuda de dos tenedores, desmenuzar la carne y mezclar con el resto de la salsa barbacoa. Reservar. ◆

PARA LOS MACARRONES CON QUESO

3 cucharadas de mantequilla salada fría

2 cucharadas de harina

480 ml de leche entera

225 g de queso cheddar maduro, rallado

300 g de macarrones o coditos de pasta, cocinados según las instrucciones del paquete

9 g de sal

1 cucharadita de pimienta negra molida

1. En una cacerola grande a fuego bajo, derretir la mantequilla. Añadir la harina y cocinar durante 2 minutos, sin dejar de remover. Aumentar el calor a fuego medio y añadir la leche. Llevar a ebullición sin dejar de remover. Una vez esté hirviendo, bajar el fuego y cocer a fuego lento durante 4 minutos.

2. Añadir el queso y seguir removiendo hasta que se funda y se mezcle por completo. Verter la pasta cocinada y remover hasta que esté bien impregnada. Salpimentar.

3. Servir los macarrones con queso y colocar el cerdo desmigado encima. ◆

(continúa) ≫

A TU GUSTO

Los macarrones con queso son la base perfecta para casi cualquiera de tus ingredientes favoritos. Prueba creaciones nuevas aderezando esta delicia de queso con lo que tengas en el frigorífico. Algunas ideas divertidas pueden ser ternera picada, guisantes frescos, trocitos de salchicha, fruta yaca o incluso beicon.

Macarrones con queso gratinados con langosta

Discovery Island, Disney's Animal Kingdom

Los macarrones con queso son uno de los platos favoritos de Estados Unidos. ¡Con razón! La pasta cubierta de una cremosa combinación de queso siempre nos alegra el estómago. Esta versión lleva langosta pero, si no es lo tuyo, puedes cambiarla por lo que te apetezca. Prueba con gambas, pollo, judías o incluso carne de cangrejo. El Eight Spoon Cafe (donde se servían los macarrones con queso gratinados con langosta originales) a menudo cambia la receta, así que no te olvides de pasarte por allí para ver qué sirven durante tu próxima visita.

Para 6 raciones

3 cucharadas de mantequilla salada fría

32 g de harina

480 ml de leche entera

450 g de queso cheddar maduro rallado

1 cucharadita de sal

1 cucharadita de ajo en polvo

1 cucharadita de pimienta negra molida

1 cucharadita de cebolla en polvo

85 g de carne de langosta, precocinada y desmigada

1. Preparar el horno para gratinar a temperatura alta. Engrasar una bandeja para horno de unos 23 x 33 cm o seis ramequines individuales aptos para el horno.

2. En una cacerola grande a fuego medio, añadir la mantequilla y la harina. Cocinar durante 2 minutos sin dejar de remover.

3. En un bol pequeño apto para microondas, añadir la leche y meterla en el microondas a potencia alta durante 2 minutos. Añadir la leche a la mezcla de harina y remover, todavía a fuego medio.

(continúa) ➤

225 g de macarrones
o coditos de pasta,
cocinados según las
instrucciones del paquete

Cocinar durante 2 minutos más sin dejar de remover. Apartar del fuego.

4. Añadir tres cuartas partes del queso, la sal, el ajo en polvo, la pimienta y la cebolla en polvo a la mezcla de leche. Añadir la pasta cocinada y mezclar hasta que todos los ingredientes se hayan integrado. Incorporar la carne de la langosta.

5. Servir los macarrones con queso en platos y espolvorear con el queso restante.

6. Meter en el horno hasta que el queso espolvoreado burbujee y se gratine, unos 8 minutos. ◈

CAPÍTULO 8

Disney California Adventure

Calitornia es un centro gastronómico en Estados Unidos y los *Imagineers* querían reflejar eso en Disney California Adventure, así que en el parque se pueden degustar platos auténticos de las culturas más destacadas del estado. Dirígete directamente a Pacific Wharf, donde encontrarás una zona de restaurantes en la que podrás probar la cocina asiática, mexicana, de San Francisco o de Sonoma. Desde ahí, quienes visiten Disney pueden recorrer Pixar Pier y probar bocados clásicos estadounidenses para picar o comer algo rápido como muslos de pollo, mazorcas de maíz con chile y lima, y, por supuesto, una galleta caliente con pepitas de chocolate. Ahora también puedes disfrutar de estas delicias aunque no estés en el parque. En este capítulo, encontrarás todas las recetas que necesitas para crear tus aventuras gastronómicas cuando quieras, desde la comodidad de tu casa. Refréscate un día caluroso con un batido de mangonada o sube la temperatura una tarde fría con un reconfortante chili de fuego. ¡Es tu experiencia Disney! ◆

Batido de mangonada

Hollywood Land, Disney California Adventure

Esta delicia mexicana de lo más refrescante siempre ayuda a mantener el calor a raya durante los calurosos días de verano en California. La mezcla de salado, picante y dulce es irresistible. De hecho, un estudio reciente descubrió que al añadir sal a los dulces ayuda a liberar el sabor del azúcar y realza todavía más la parte dulce.

Para 2 raciones

125 ml de zumo de piña
125 ml de zumo de guayaba
140 g de trozos de mango congelados
125 g de trozos de melocotón congelado
1 plátano entero, pelado
4 cucharaditas de salsa chamoy
88 g de mango en trozos
½ cucharadita de sazonador de chile y lima

1. Mezclar el zumo de piña y de guayaba, los trozos de mango y de melocotón congelados y el plátano en una batidora, y triturar hasta que quede una textura suave.

2. Manchar las paredes de dos vasos con 1 cucharadita de la salsa chamoy. Dividir la mezcla del batido entre los dos vasos, repartir el mango fresco en trozos en cada vaso, echar unas gotas de la salsa chamoy y espolvorear con el aderezo de chile y lima. ◈

Tacos de carnitas

Hollywood Land, Disney California Adventure

Los tacos existen desde hace mucho tiempo. Desde hace mucho mucho tiempo. Es un plato que surgió de la necesidad, ya que era difícil encontrar utensilios como tenedores o cucharas. ¡Las tortillas son como platos comestibles! Hoy en día no hay quien se resista a estas pequeñas delicias, y quienes visitan Disney tampoco. Originariamente era la manera perfecta de llenar el estómago entre atracciones en Disney California Adventure, pero ahora también puedes disfrutar de estos tacos en casa.

Para 5 raciones

1 cucharada
de pimentón dulce

1 cucharadita
de cayena molida

1 cucharadita de sal

2 cucharadas
de azúcar moreno claro

1 cucharada
de canela molida

800 g de cerdo
deshuesado, cortado en
trozos de unos 5 cm

1 cebolla amarilla
mediana, pelada y cortada
en cuatro trozos

6 dientes de ajo medianos,
pelados y machacados

3 cucharadas de manteca

1. En un bol mediano, añadir el pimentón dulce, la cayena molida, la sal, el azúcar moreno y la canela. Mezclar bien. Cogiendo un trozo de cerdo cada vez, pasar por la mezcla de especias y cubrir bien la carne. A continuación, colocar en una olla a presión eléctrica. Continuar el proceso hasta que todos los trozos de cerdo estén cubiertos de especias y formen una única capa en la base de la olla.

2. Encajar la cebolla y el ajo entre los trozos de cerdo. Colocar trozos de manteca de manera uniforme sobre el cerdo. Cortar rodajas de naranja y colocarlas de manera uniforme sobre el cerdo. Colocar las hojas de laurel y exprimir el zumo de la segunda naranja sobre la carne.

(continúa) ➤

2 naranjas grandes,
por la mitad

2 hojas de laurel grandes

84 g de col lombarda y
repollo picados

225 g de salsa mexicana,
nivel medio de picante

250 ml de crema agria

10 tortillas de harina
(aprox. 20 cm de diámetro)

3. Cubrir y programar para cocinar a presión o de manera manual. Cocinar durante 30 minutos.

4. Calentar el horno con el grill a temperatura alta. Cubrir una fuente de horno grande sin engrasar con papel para hornear y reservar.

5. Cuando el cerdo esté hecho, dejar que la olla a presión saque todo el vapor siguiendo las instrucciones del fabricante y abrir la olla cuando sea seguro.

6. Desechar las hojas de laurel. Con unas pinzas, pasar los trozos de cerdo a la fuente de horno preparada y rociar con unas cuantas cucharadas del líquido de la cocción. Cocinar durante 5 minutos en el horno. Remover y cocinar durante 5 minutos más.

7. Repartir la carne de cerdo, la mezcla de col, la salsa y la crema agria de manera uniforme entre las tortillas. Doblar como si fuera un taco. ◈

Batidos de frutas del bosque

Hollywood Land, Disney California Adventure

Schmoozies! es un pequeño puesto en Hollywood Land donde puedes comprar un batido para refrescarte bajo el sol de California. Puede que hasta tengas el placer de conocer (y hacerte una foto) con tu hombre araña favorito. Es una oportunidad única que no está disponible en ninguno de los otros parques Disney World en Florida debido a las leyes de licencias anteriores a la adquisición de Marvel por parte de Disney.

Para 2 raciones

125 ml de zumo de piña

112 g de yogur de vainilla bajo en grasa

75 g de moras congeladas

75 g de frambuesas congeladas

75 g de fresas congeladas

En una batidora, incorporar todos los ingredientes y triturar hasta que quede una textura suave. Dividir en dos vasos. ◆

Churro de tofe

Buena Vista Street, Disney California Adventure

Los churros de tofe han ganado popularidad y ya figuran entre los favoritos de los dulces de Disneyland. Por desgracia para la costa este de Estados Unidos, este dulce no ha llegado todavía a Walt Disney World, pero ahora puedes disfrutarlo en casa.

Para 24 tofes

460 g de mantequilla
fría con sal

2,5 kg de azúcar

6 cucharadas
de jarabe de maíz claro

6 cucharadas de agua
a temperatura ambiente

2 cucharaditas
de extracto de vainilla

2 bolsas (aprox. 350 g)
de pepitas
de chocolate blanco

6 cucharadas
de canela molida

1. En una cacerola mediana a fuego medio, añadir la mantequilla, 500 g de azúcar, el jarabe de maíz y el agua. Cocinar y remover hasta que la mantequilla esté derretida del todo y la mezcla rompa a hervir, unos 4 minutos.

2. Hervir sin remover hasta que la mezcla alcance los 150 °C en un termómetro de repostería. Apartar del fuego e incorporar la vainilla.

3. Cubrir una fuente de horno sin engrasar con papel para hornear. Verter la mezcla en el centro de la fuente y dejar que se extienda.

4. Esperar unos 10 minutos para que el tofe se enfríe un poco y después usar un cuchillo para marcar líneas sobre el caramelo y formar 24 cuadrados.

5. Cuando empiece a endurecerse, pasados unos 30 minutos, romper por las líneas marcadas y después dejar que se enfríe del todo en la fuente, unos 30 minutos.

6. En un bol mediano apto para microondas, añadir 1 bolsa de las pepitas de chocolate. Poner 30 segundos en el microondas a potencia alta, remover y volver a ponerlo 15 segundos más. Seguir poniendo en el microondas en intervalos de 15 segundos, removiendo entre cada intervalo, hasta que el chocolate se haya derretido.

7. Llenar una fuente de horno de algo más de 1 cm de profundidad con el azúcar restante y espolvorear la canela. Remover. Llenar un bol pequeño con un poco de azúcar con canela de la fuente.

8. Con papel de cocina, secar el exceso de mantequilla de cada cuadrado. Sumergir cada cuadrado en el chocolate derretido. Colocar el tofe recubierto de chocolate en la fuente de horno con el azúcar con canela. Incorporar el azúcar con canela adicional del bol pequeño sobre el tofe. Repetir hasta cubrir 12 cuadrados. Dejar que los cuadrados reposen en la fuente hasta que el chocolate se haya endurecido del todo, unos 30 minutos. Sacar los tofes del azúcar y repetir con el resto de los cuadrados y la segunda bolsa de pepitas de chocolate. Guardar en un recipiente hermético a temperatura ambiente hasta 7 días. ◈

Churros especiados

Buena Vista Street, Disney California Adventure

En Halloween de 2019 en Disneyland Resort se sirvieron diez tipos de churros de especialidad, incluidos los de *pumpkin spice*, es decir, con sabor a la mezcla de las especias de la tarta de calabaza. Solo se pueden encontrar en Disneyland durante el otoño, pero ahora los podrás comer en casa en cualquier época del año.

Para 8 churros

250 ml de agua a temperatura ambiente

123 g de puré de calabaza

2 cucharadas más 1 litro (aprox.) de aceite vegetal, separado

1 cucharadita de extracto de vainilla

224 g de harina

3 cucharadas más 100 g de azúcar, separado

1 cucharadita de mezcla de las especias de la tarta de calabaza (canela, jengibre, nuez moscada y clavo, y si se quiere pimienta de Jamaica, cilantro o anís)

½ cucharadita de sal

1 cucharadita de canela molida

1. Cubrir una fuente de horno sin engrasar con papel para hornear.

2. En un bol grande, batir el agua, el puré de calabaza, 2 cucharadas de aceite y la vainilla. Añadir la harina, 3 cucharadas de azúcar, la mezcla de especias y la sal. Mezclar bien con la mano.

3. Llenar con la masa una manga pastelera con boquilla con forma de estrella. Refrigerar la manga pastelera durante 1 hora.

4. Con la manga, formar tiras de masa de unos 15 cm sobre la fuente de horno preparada previamente. Colocar la bandeja en el congelador durante 15 minutos.

5. En una olla grande a fuego medio-alto, añadir el litro de aceite restante hasta que alcance una profundidad de unos

(continúa) ➤

7-8 cm. Calentar el aceite a 190 °C. Colocar papel de cocina sobre un plato grande y reservar.

6. En un recipiente largo y poco profundo, mezclar los 100 g de azúcar restantes y la canela. Reservar.

7. Sumergir un churro en el aceite caliente y freír hasta que tenga un color dorado, unos 2 minutos. Sacar el churro del aceite con unas pinzas y pasarlo directamente por la mezcla de azúcar y canela. Girarlo para que se empape bien de la mezcla, colocarlo en el plato con papel de cocina y dejarlo enfriar. Repetir la operación con el resto de los churros. ◈

A TU GUSTO

Este churro se sirve en los parques con una porción de cobertura de queso cremoso aparte. Para prepararla tú también, simplemente mezcla 113 g de queso cremoso ablandado con 57 g de mantequilla con sal ablandada, 220 g de azúcar glas y 1 cucharada de nata. Bate hasta que quede una textura suave. ¡Riquísimo!

Chili de fuego

Grizzly Peak, Disney California Adventure

Grizzly River Run puede parecer una aventura temible pero la caída más larga tiene menos de 7 metros, aunque es posible que lo que más te preocupe no sea la caída, porque los visitantes suelen salir de la atracción totalmente calados. No importa si has pasado el día dejándote llevar por la corriente del río o cómodamente en el sofá de casa, no hay nada mejor para entrar en calor que un bol humeante de este chili estilo acampada. Esta comida sencilla, pero reconfortante, nunca falla y es uno de los platos favoritos de Grizzly Peak's Smokejumpers Grill.

Para 10 raciones

1 cucharada de aceite

1 cebolla amarilla mediana, pelada y picada

2 cucharaditas de ajo picado

450 g de ternera picada

3 latas (aprox. 425 g) de alubias negras, con el jugo incluido

2 latas (aprox. 400 g) de tomate troceado, con el jugo incluido

1 cucharada de orégano seco

1 cucharada de albahaca seca

2 cucharadas de comino molido

1 cucharada de curri

1 cucharada de sal

1 cucharadita de pimienta negra molida

1 cucharada de vinagre de vino tinto

1. En una olla grande a fuego medio, verter el aceite, la cebolla y el ajo. Freír hasta que la cebolla esté transparente, unos 3 minutos. Añadir la ternera picada y remover hasta que coja color, unos 6 minutos.

2. Añadir los ingredientes restantes. Remover, bajar el fuego y cocer a fuego lento sin tapar durante 1 hora. Las sobras se pueden guardar en un recipiente hermético hasta 1 semana en el frigorífico. ◈

S'mores

Grizzly Peak, Disney California Adventure

Walt Disney creía en el carácter sagrado de la naturaleza. Según el sitio web Disneyland Resort News, afirmaba que «debemos apreciar el mismísimo suelo de Estados Unidos tanto como nuestra herencia política y nuestra forma de vida tan preciada. Su preservación y la sabia conservación de sus recursos renovables conciernen a cada hombre, mujer y niño a quienes les pertenece». Ahora con estos s'mores puedes traer a tu cocina una de las actividades favoritas que disfrutamos en la naturaleza.

Para 6 s'mores

85 g de pepitas de chocolate semidulces

6 crackers Graham, por la mitad

6 malvaviscos extragrandes

3 barritas (aprox. 113 g) de chocolate blanco

1. Engrasar ligeramente una bandeja grande y reservar.

2. En un bol mediano apto para microondas, añadir las pepitas de chocolate. Poner 15 segundos en el microondas a potencia alta, remover y volver a poner 15 segundos más. Seguir poniendo en el microondas en intervalos de 15 segundos y removiendo entre cada intervalo hasta que el chocolate se haya derretido.

3. Con un cuchillo o una espátula con ángulo, extender una fina capa de chocolate derretido por todos los lados del cracker. Colocar en la bandeja engrasada y meter en el congelador 30 minutos.

(continúa) ➤

4. Poner cada malvavisco en una brocheta y tostar hasta el punto deseado en el fuego del hornillo o con un soplete de cocina. Repetir la operación con el resto de los malvaviscos.

5. Colocar 1 malvavisco tostado entre dos crackers cubiertos de chocolate. Colocar un trozo de la chocolatina encima. Repetir la operación con el resto de los ingredientes. ◆

Batido de *cobbler* de melocotón

Grizzly Peak, Disney California Adventure

Este delicioso dulce se vende en Smokejumpers Grill, que rinde homenaje a las mujeres y hombres que forman parte del grupo de bomberos paracaidistas que se enfrentan a los incendios forestales en California. Estos bomberos son un grupo de élite que se lanza directamente sobre una zona afectada por un incendio para intentar sofocarlo desde dentro. El batido de *cobbler* de Smokejumpers Grill se prepara de sabor de vainilla o manzana, y es una delicia que deja satisfechos tanto a los bomberos como a los visitantes del parque.

Para 4 raciones

250 ml de leche entera

250 ml de zumo de manzana

600 g de helado de vainilla

1 cucharadita de canela molida

1 g de nuez moscada

1 g de pimienta de Jamaica

En una batidora, incorporar todos los ingredientes y triturar hasta que quede una textura suave. Repartir entre cuatro vasos altos. ◆

101 perritos calientes rebozados

Paradise Gardens Park, Disney California Adventure

Sentarse a ver Goofy's Sky School mientras disfrutas de un perrito caliente rebozado original de Corn Dog Castle es la mar de divertido. Para una experiencia similar en casa, busca «Disney POV Rides» en internet y súbete a una de tus atracciones favoritas de manera virtual sin tener que dejar tu bocado preferido en la entrada. Estos perritos calientes rebozados son contundentes, pero perfectos como picoteo, acompañamiento o incluso entrante. Le encantarán a toda la familia.

Para 8 raciones

1 litro (aprox.) de aceite para freír

160 g de harina de maíz amarillo

128 g de harina

100 g de azúcar

½ cucharadita de sal

½ cucharadita de pimienta negra molida

4 cucharaditas de levadura

300 ml de leche entera

1 huevo grande

8 salchichas tipo frankfurt de ternera

1. En una olla grande de fondo grueso, añadir el aceite a fuego medio-alto. Debería tener una profundidad de unos 7-8 cm. Calentar el aceite a 175 °C. Colocar papel de cocina sobre un plato grande y reservar.

2. En un bol grande, mezclar la harina de maíz, la harina, el azúcar, la sal, la pimienta y la levadura. Añadir la leche y el huevo, y batir bien.

3. Llenar 3/4 de un vaso alto con la mezcla y reservar.

4. Insertar palitos de helado en los perritos calientes y secar cada salchicha con papel de cocina para que la masa se adhiera mejor.

(continúa) ➤

5. Sumergir una salchicha en el vaso de la masa. Sacar con cuidado y meter inmediatamente en el aceite caliente.

6. Freír hasta que tengan un color dorado intenso, unos 3 minutos, dándoles la vuelta con frecuencia. Colocar en el plato con papel de cocina. Repetir la operación con el resto de los perritos calientes. La masa restante se puede guardar en un recipiente hermético en el frigorífico hasta 5 días. ◆

Muslos de pollo de Pixar

Pixar Pier, Disney California Adventure

Poultry Palace apareció por primera vez en el corto de Pixar *Toy Story Toons: Pequeño gran Buzz*, una serie derivada de la franquicia de *Toy Story* en la que aparecen algunos de los personajes más queridos como Woody y Buzz. El palacio del pollo ha aparecido en otras películas de Pixar, como *Onward*. Este restaurante con forma de fiambrera y de aspecto adorable apareció en Pixar Pier en 2018 y sus muslos de pollo se convirtieron en un tentempié cargado de proteínas para que los visitantes mantuvieran el hambre a raya.

Para 6 raciones

115 g de mantequilla con sal, fría

32 g de harina

80 g de harina de maíz amarillo

2 cucharaditas de sal

2 cucharadas de pimentón dulce

1 cucharadita de salvia seca

½ cucharadita de pimienta negra molida

6 muslos de pollo con piel (aprox. 113 g)

1. Colocar la mantequilla en una bandeja para horno de unos 23 x 33 cm y meterla en el horno. Calentar a 230 °C.

2. En una bolsa de plástico grande con cierre, añadir la harina de maíz, la harina, la sal, el pimentón dulce, la salvia y la pimienta. Cerrar la bolsa y agitar bien para mezclar.

3. Cuando el horno esté caliente, sacar la bandeja con cuidado.

4. Colocar un muslo en la bolsa con las especias y agitar para impregnarlo bien. Después, pasar el muslo a la bandeja con mantequilla. Repetir la operación con el resto de los muslos. Con cuidado, espolvorear lo que quede de la mezcla de especias sobre los muslos.

(continúa) ➤

5. Hornear durante 20 minutos. Darles la vuelta a los muslos y hornear 20 minutos más o hasta que el termómetro insertado en el centro de la carne marque 74 °C. Servir recién hechos. ◆

A TU GUSTO

Poultry Palace sirve sus muslos de pollo con ensalada de col, ¡y tú también puedes! Mezcla 168 g de mayonesa, 2 cucharadas de vinagre de sidra de manzana, 1 cucharada de mostaza de Dijon, ½ cucharadita de sal y ½ cucharadita de pimienta negra molida. Vierte la mezcla sobre 1 bolsa de mezcla de ensalada de col. El sabor potente de este acompañamiento va perfecto con los muslos.

Mazorcas de maíz con chile y lima

Pixar Pier, Disney California Adventure

No hay mejor sinónimo del buen tiempo que un delicioso bocado de mazorca de maíz, ya sea en California o en cualquier rincón de Estados Unidos. El sabor cítrico de esta receta lleva esta comida clásica al siguiente nivel. Puedes cocinarla con aderezo de chile y lima preparado, o crear el tuyo propio con zumo de lima, chile en polvo y cilantro seco. Está delicioso de las dos maneras.

Para 6 raciones

6 mazorcas medianas, peladas

113 g de mantequilla salada, ablandada

1 cucharada de aderezo de chile y lima

1. Calentar el grill a fuego medio.

2. Repartir seis trozos de papel de aluminio y colocar una mazorca en cada uno. Frotarlas con mantequilla y aderezar con el chile y la lima.

3. Envolver la mazorca y colocar en el grill. Cocinar durante 7 minutos, dar la vuelta y cocinar 7 minutos más hasta que el maíz tenga un color vivo y una consistencia firme. ◆

Galletas Ñam Ñam de Jack-Jack

Pixar Pier, Disney California Adventure

❧

Después de un día largo haciendo cola, lo único que te apetece es algo dulce, ¡Pixar Pier lo sabe y tiene el bocado perfecto! Estas galletas monstruosamente densas tienen su origen en la película *Los Increíbles 2*, cuando Bob Parr tiene que usar las galletas para sacar al bebé Jack-Jack de distintas dimensiones. Sirve estas suculentas y deliciosas galletas con un buen vaso de leche.

Para 3 raciones

3 cucharadas de mantequilla sin sal, ablandada

3 cucharadas de manteca vegetal

55 g de azúcar moreno claro

50 g de azúcar

½ cucharadita de extracto de vainilla

1 huevo grande

96 g de harina

½ cucharadita de bicarbonato de sodio

½ cucharadita de sal

170 g de trozos de chocolate con leche

1. Calentar el horno a 190 °C. Forrar 3 ramequines (aprox. de 10 cm de diámetro) con papel para hornear y reservar.

2. En el bol de una batidora amasadora, añadir la mantequilla y la manteca. Con el batidor plano, mezclar bien hasta formar una crema. Añadir el azúcar moreno y el granulado, y batir durante 2 minutos. Incorporar la vainilla y el huevo y después la harina, el bicarbonato de sodio y la sal. Añadir tres cuartos de los trozos de chocolate.

3. Llenar cada ramequín con algo más de un centímetro de masa de galleta, colocar el resto de los trozos de chocolate por encima y hornear 15 minutos.

(continúa) ➤

4. Dejar que se enfríen del todo, aproximadamente 15 minutos, antes de sacarlos de los ramequines. ◆

¿SABÍAS QUE...?

El personaje Jack-Jack muestra 11 poderes diferentes en la película *Los Increíbles 2* como prenderse en llamas, la invisibilidad, visión láser, teletransporte y convertirse en demonio. ¡Seguro que pensabas que los bebés normales eran difíciles de manejar!

Parfaits de Yeti

❧❦❧

Estas adorables delicias heladas de Pixar Pier rinden homenaje al encantador yeti que aparece en la película de Pixar *Monstruos, S.A.* cuando Mike y Sulley son desterrados al Himalaya por desobedecer las normas. En la película, el yeti sirve «nieve amarilla». ¡Pero todo el mundo sabe que no hay que comérsela! Por suerte, estos bonitos parfaits tienen un montón de «nieve amarilla» para disfrute de toda la familia. Puedes encontrar helados de frambuesa azules en la zona de congelados del supermercado.

Para 4 raciones

870 g de sorbete de limón

500 g de helados de frambuesa azul, machacados

4 cerezas al marrasquino

En un vaso de parfait, crear capas con unos 125 g de sorbete de limón, granizado de frambuesa y después otra capa de sorbete. Colocar una cereza encima. Repetir la operación con el resto de los ingredientes. ◈

Churros calientes del señor Buzz

Pixar Pier, Disney California Adventure

Como parte de la transformación de Pixar de Disney California Adventure en 2018, Disney introdujo esta nueva variedad de churro con un toque picante diferente de la versión clásica. Si el picante no es lo tuyo, no te preocupes. La masa y el azúcar equilibran la parte «caliente», así que no son demasiado potentes.

Para 12 raciones

300 g de caramelos picantes de canela Red Hots

50 g de azúcar

5 gotas de colorante alimentario rojo en gel

12 churros (ver receta en el capítulo 3)

1. En un procesador de alimentos, añadir los caramelos y triturar hasta obtener una textura en polvo. Añadir el azúcar y el colorante alimentario al polvo de caramelo, y mezclar hasta que tengan un color rojo brillante.

2. Pasar la mezcla a un plato grande. Pasar los churros todavía calientes por el polvo rojo hasta que estén totalmente cubiertos. Servir recién hechos. ◈

Pretzels bávaros

Pacific Wharf, Disney California Adventure

❦

Pacific Wharf es la única tierra de todo Disneyland Resort sin atracciones principales. Es simplemente un lugar para relajarse, descansar y comer algo. Puedes hacer un *tour* por la fábrica de pan de masa madre Boudin Bakery (que termina con una muestra gratis de pan) y parar a comer en Pacific Wharf, donde todos los miembros del grupo encontrarán algo a su gusto. Estos pretzels bávaros son perfectos para calmar un estómago rugiente ya sea en Disney o en casa.

Para 6 pretzels

2,250 litros más
1 cucharada de agua tibia
(a unos 40 °C), separados

1 paquete (7 g)
de levadura seca

½ cucharadita de sal

576 g de harina

116 g de bicarbonato sódico

1 huevo grande

2 cucharadas de sal kosher

1. En el bol de una batidora amasadora, añadir 62 ml de agua caliente. Espolvorear la levadura encima y dejar reposar 5 minutos.

2. Añadir 300 ml de agua caliente, la sal y la harina a la mezcla de levadura. Con el accesorio de batidor plano, batir a velocidad baja hasta que la mezcla empiece a formar una bola. Cambiar la varilla por el gancho amasador y amasar durante 5 minutos. Si la masa parece demasiado seca y no toma forma, añadir 1 cucharada adicional de agua cada vez hasta que se aglutine.

3. Sacar la masa de la batidora y trabajar a mano durante 2 minutos o hasta que la bola tenga una consistencia suave y flexible.

(continúa) ➤

4. Calentar el horno a 200 °C. Cubrir una fuente de horno sin engrasar con papel para hornear y reservar.

5. Cortar la masa en seis trozos iguales. Trabajar los trozos uno por uno sujetando un extremo con una mano y usando la otra para extender la masa con la palma de la mano. Ir cambiando de mano hasta que la «cuerda» tenga unos 80 cm de largo y 7-8 cm de ancho. Repetir la operación con el resto de la masa.

6. Formar una U con la masa. Cruzar los extremos y girar. Apuntar con los extremos hacia abajo y presionar sobre la parte inferior de la U para pegarlos. Repetir la operación con el resto de las tiras. Colocar en la fuente de horno y dejar reposar unos 10 minutos.

7. Llenar una olla grande con aproximadamente 1,9 litros de agua a fuego alto y llevar a ebullición. Cuando hierva, añadir el bicarbonato de sodio y remover.

8. Utilizar una espumadera para meter 1 pretzel en el agua con bicarbonato y pochar durante 15 segundos. Sacar y colocar en la fuente de horno. Repetir la operación con el resto de los pretzels.

9. En un bol pequeño, batir el huevo con la cucharada de agua restante. Pintar cada pretzel y espolvorear la sal por encima.

10. Hornear los pretzels hasta que se doren, unos 18 minutos. Servir inmediatamente o guardar en un recipiente hermético hasta 2 días. ◆

Churros veraniegos McQueen

Cars Land, Disney California Adventure

Los churros de temporada son una de las comidas favoritas de los parques Disney. De hecho, algunos visitantes vienen exclusivamente a probar los nuevos sabores de cada mes. La versión veraniega tiene un sabor fresco y chispeante, con fresas y queso cremoso para crear un sabor afrutado y suave. Si te apetece prepararlos en pleno invierno, ¡adelante! Disfruta de tus churros favoritos en cualquier estación.

Para 12 churros

PARA EL SIROPE DE FRESA

450 g de fresas congeladas
200 g de azúcar
1 cucharada
de zumo de limón

1. En una cacerola mediana a fuego medio, añadir las fresas, el azúcar y el zumo de limón. Llevar a ebullición y hervir durante 3 minutos sin dejar de remover y machacando las fresas a medida que se reblandecen. Apartar del fuego. Dejar que se enfríe un poco, aproximadamente 10 minutos.

2. En una batidora, incorporar la mezcla de fresas y triturar hasta que quede una textura suave. Dejar enfriar unos 10 minutos y después meter en una manga pastelera. ◈

(continúa) ➤

PARA LA COBERTURA DE QUESO CREMOSO

57 g de mantequilla salada, ablandada

256 g de azúcar glas

112 g de queso crema, ablandado

1 cucharada de nata

12 churros
(ver receta en el capítulo 3)

1. En el bol de una batidora amasadora, añadir la mantequilla, el azúcar glas, el queso crema y la nata. Con el batidor plano, mezclar a velocidad alta hasta que estén bien mezclados. Llenar otra manga pastelera con la masa de la cobertura.

2. Extender los churros todavía calientes. Cortar las puntas de las mangas pasteleras y «pintar» garabatos con la cobertura de queso sobre cada churro y después hacer lo mismo con el sirope de fresa. Servir recién hechos. ◈

¿SABÍAS QUE...?

En esta receta puedes usar fresas frescas o congeladas. Si tienes algunas fresas que están a punto de pasarse, puedes preparar este sirope que te durara hasta 1 semana en el frigorífico. Está buenísimo no solo con churros, pruébalo también con tortitas o gofres.

Conversión de medidas
Estados Unidos / sistema métrico

CONVERSIÓN DE VOLUMEN	
Volumen Estados Unidos	Equivalente en el sistema métrico
1/8 cucharadita	0,5 ml
1/4 cucharadita	1 mililitro
1/2 cucharadita	2 ml
1 cucharadita	5 ml
1/2 cucharada	7 ml
1 cucharada (3 cucharaditas)	15 ml
2 cucharadas (1 onza líquida)	30 ml
1 taza (4 cucharadas)	60 ml
1/3 taza	90 ml
1/2 taza (4 onzas líquidas)	125 ml
2/3 taza	160 ml
3/4 taza (6 onzas líquidas)	180 ml
1 taza (16 cucharadas)	250 ml
1 pinta (2 tazas)	500 ml
1 cuarto de galón (4 tazas)	1 litro (aprox.)

CONVERSIÓN DE PESO	
Peso Estados Unidos	**Equivalente en el sistema métrico**
1/2 onza	15 g
1 onza	30 g
2 onzas	60 g
3 onzas	85 g
1/4 libra (4 onzas)	115 g
1/2 libra (8 onzas)	225 g
3/4 libra (12 onzas¾)	340 g
1 libra (16 onzas)	454 g

CONVERSIÓN TEMPERATURA HORNO	
Grados Fahrenheit	**Grados centígrados**
200 grados F	95 °C
250 grados F	120 °C
275 grados F	135 °C
300 grados F	150 °C
325 grados F	160 °C
350 grados F	180 °C
375 grados F	190 °C
400 grados F	205 °C
425 grados F	220 °C
450 grados F	230 °C

TAMAÑO FUENTES DE HORNO	
Medida estadounidense	**Equivalente en sistema métrico**
Molde redondo para horno 8 x 1½ pulgadas	Molde redondo para horno 20 x 4 cm
Molde redondo para horno 9 x 1½ pulgadas	Molde redondo para horno 23 x 3,5 cm
Molde para horno 11 x 7 x 1½ pulgadas	Molde para horno 28 × 18 × 4 cm
Molde para horno 13 × 9 × 2 pulgadas	Molde para horno 30 × 20 × 5 cm
Bandeja de horno rectangular de 2 cuartos	Molde para horno 30 × 20 × 3 cm
Bandeja para horno 15 × 10 × 2 pulgadas	Molde para horno 30 × 25 × 2 cm
Molde para tarta 9 pulgadas	Molde para tarta 22 × 4 o 23 × 4 cm
Molde desmontable 7 u 8 pulgadas	Molde desmontable 18 o 20 cm
Molde para pan 9 × 5 × 3 pulgadas	Molde para pan 23 × 13 × 7 cm
Cacerola 1½ cuarto	Cacerola 1,5 litros
Cacerola 2 cuartos	Cacerola 2 litros

Índice de recetas

Aperitivos, platos principales y guarniciones

101 perritos calientes
rebozados, 235

Chili de fuego, 231

Colines cola de tigre, 61

En busca de las brochetas
de panceta, 66

Fantasía de cilindros
de patata rallada con pollo
y salsa búfalo, 113

Indiana Jones y el templo
del hummus, 63

Indiana Jones y la última
brocheta de ternera, 58

Indiana Jones y las brochetas
malditas, 67

La leyenda del sándwich
de gofre de pollo
de Sleepy Hollow, 97

La sopa cremosa
de almejas favorita
de Jack Sparrow, 72

La sopa de tomate
favorita de Pinocho, 110

Macarrones
con queso gratinados
con cerdo desmigado, 216

Macarrones con queso
gratinados
con langosta, 219

Mazorcas de maíz con
chile y lima, 239

Mini 101 perritos calientes
rebozados, 95

Mousse de queso
cremoso con arándanos
de los Na'vi, 201

Muslos de pavo
bestiales, 112

Muslos de pollo
de Pixar, 237

Nubes de Pandora
al vapor rellenas de
hamburguesa con
queso, 199

Patatas fritas con cerdo
desmigado y queso, 214

Patatas fritas condimentadas
    de Mr. Kamal, 206
Patatas Hakuna Matata, 195
Perritos calientes
    de macarrones con queso
    y beicon, 93
Rollitos de primavera de
    hamburguesa con queso, 115
Rollitos de primavera
    de pizza, 117
Rollitos lumpia
    de otro mundo, 204
Sándwich de gofre
    con fruta de
    Sleepy Hollow, 101
Tacos de carnitas, 224
Wraps del Lado Oscuro, 185

Bollos, galletas y golosinas

Beignets de Mardi Gras, 68
Buñuelos, 70
Cupcakes de galletas
    del Paseo de la Fama, 169
Cupcakes Mickey
    de galletas de
    chococolate y vainilla
    (cookies and cream), 56
Galletas de tarta
    de zanahoria, 167
Galletas Mickey de azúcar, 89
Galletas Ñam
    Ñam de Jack-Jack, 240
Gofres de Mickey, 193

Macarons rosas de frambuesa
    con forma de Mickey, 53
Macaroons del monte
    Cervino, 82
Mezcla de palomitas
    intergalácticas, 183
Minibrownies del futuro, 84
Palomitas de caramelo, 144
Palomitas dulces de cine, 123
Palomitas perfectas, 166
Pastelillo para tostar
    relleno de chocolate
    y avellanas de Woody, 177
Pastelillo para tostar relleno
    de limón y arándanos
    de Buzz Lightyear, 179
Pretzels bávaros, 244
Pretzels de Mickey Mouse, 175
Pretzels Increíbles
    con relleno de queso
    cremoso, 172
S'mores, 232

Churros

Churro de tofe, 227
Churros, 51
Churros calientes
    del señor Buzz, 243
Churros especiados, 229
Churros veraniegos
    McQueen, 246

Helados

Gelato de coco , 157
Gelato de stracciatella, 159
Helados de coco, 156
Helados de mango, 155

Postres

Aristosándwiches
    de macarons con helado, 128
Baklava, 161
Barritas de pecanas
    y caramelo, 148
Cola del gato de Cheshire, 102
Crepes, 135
Croque Frozen, 129
Cuernos de trol, 142
Donuts de cruasán, 127
Funnel cake de churros, 77
Funnel cake del jinete
    sin cabeza, 99
Helado suave de piña
    de Vaiana, 119
Manzanas de caramelo
    de cine, 165
Manzanas envenenadas
    de caramelo, 91
Napoleones, 132
Palitos de piña
    con chocolate
    y caramelo, 146
Pan dulce
    de la escuela, 140
Parfaits de Yeti, 242

Plátano helado
    cubierto de chocolate, 189
Polos de Mickey, 212
Rollos de canela
    gigantes de Gastón, 106
Sándwiches de helado de
    Mickey, 210
Tarta de la cosa gris de
    La bella y la bestia, 79
Tarta de queso bávara, 150
Tartaletas de fresas , 137
Tiki tarta de piña al revés, 121

Refrescos y batidos

Agua de Pandora, 197
Batido de *cobbler*
    de melocotón, 234
Batido de mangonada, 223
Batido retro de mantequilla
    de cacahuete y mermelada, 188
Batidos de frutas del bosque, 226
Brebaje de LeFou, 104
Flotadores de Peter Pan, 109
Julepe de la selva, 60
Julepe de menta, 74
La cosa gris de *La bella
    y la bestia*, 105
Limonada de la galera
    Gold Port, 76
Kakigori de fresa, 153
Kakigori de melón, 154
Batido azul de los Jedi, 182
Batido verde de los Jedi, 181
Limonada granizada, 208

Esta primera edición de *Cocina con Disney*,
de Ashley Craft, se terminó de imprimir en
Grafica Veneta S.p.A. di Trebaseleghe (PD)
de Italia en octubre de 2021.

Duomo ediciones es una empresa comprometida
con el medio ambiente. El papel utilizado para
la impresión de este libro procede de bosques
gestionados sosteniblemente.

PEFC

PEFC/18-31-226

Este libro está impreso con el sol.
La energía que ha hecho posible su impresión
procede exclusivamente de paneles solares.
Grafica Veneta es la primera imprenta en
el mundo que no utiliza carbón.

GRAFICA VENETA

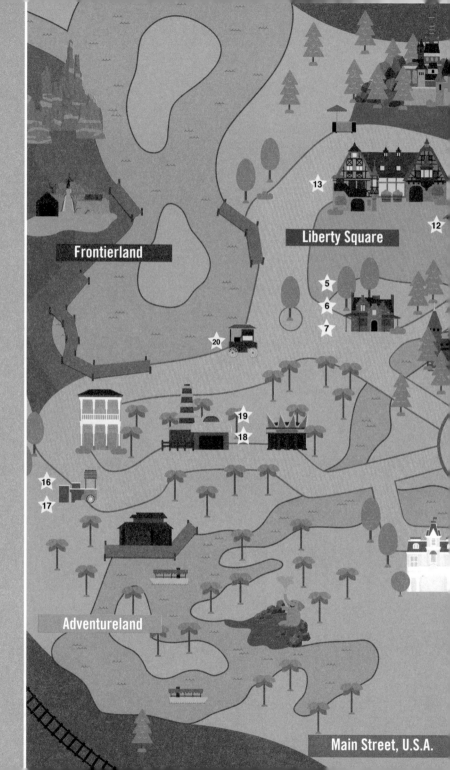